思想家 SIXIANGJIA

天纵之圣

孔 子

熊 伟 ◎ 编著

辽海出版社

图书在版编目(CIP)数据

天纵之圣孔子 / 熊伟编著. —沈阳：辽海出版社，2017.6
ISBN 978 - 7 - 5451 - 4171 - 9

Ⅰ.①天… Ⅱ.①熊… Ⅲ.①孔丘(前551-前479)-传记 Ⅳ.①B822.2

中国版本图书馆 CIP 数据核字(2017)第 136841 号

责任编辑：孙德军
封面设计：李　奎

出版者：辽海出版社
　地　　址：沈阳市和平区十一纬路 25 号
　邮　　编：110003
　电　　话：024-23284381
　E-mail：dszbs@mail.lnpgc.com.cn
　http://www.lhph.com.cn
印刷者：北京一鑫印务有限责任公司
发行者：辽海出版社

幅面尺寸：155mm×220mm
印　　张：14
字　　数：218 千字

出版时间：2017 年 7 月第 1 版
印刷时间：2017 年 8 月第 1 次印刷
定　　价：29.80 元

《世界名人传记文库》编委会

主　编	游　峰	姜忠喆	蔡　励	竭宝峰	陈　宁	崔庆鹤
副主编	闫佰新	季立政	单成繁	焦明宇	李　鸿	杜婧舟
编　委	蒋益华	刘利波	宋庆松	许礼厚	匡章武	高　原
	袁伟东	夏宇波	朱　健	曹小平	黄思尧	李成伟
	魏　杰	冯　林	王胜利	兰　天	王自和	王　珑
	谭　松	马云展	韩天骄	王志强	王子霖	毕建坤
	韩　刚	刘　舫	宫晓东	陈　枫	华玉柱	崔　武
	王世清	赵国彬	陈　浩	芝　鼻	姜钰茜	全崇聚
	李　侠	宋长津	汪　裴	张家瑞	李　娟	拉巴平措
	宋连鸿	王国成	刘洪涛	安维军	孙成芳	王　震
	唐　飞	李　雪	周丹蕾	郭　明	王毓刚	卢　瑶
	宋　垣	杨　坤	赖晖林	刘小慈	张家瑞	韩　兆
	陈晓辉	鲍　慧	魏　强	付　丽	尹　丛	徐　聪
	主勇刚	傅思国	韩军征	张　铧	张兴亚	周新全
	吴建荣	张　勇	李沁奇	姜秀云	姜德山	姜云超
	姜　忠	姜商波	姜维才	姜耀东	朱明刚	刘绪利

冯 鹤	冯致远	胡元斌	王金锋	李丹丹	李姗姗
李 奎	李 勇	方士华	方士娟	刘干才	魏光朴
曾 朝	叶浦芳	马 蓓	杨玲玲	吴静娜	边艳艳
德海燕	高凤东	马 良	文 夫	华 斌	梅昌娅
朱志钢	刘文英	肖云太	谢登华	文海模	文杰林
王 龙	王明哲	王海林	台运真	李正平	江 鹏
郭艳红	高立来	冯化志	冯化太	危金发	仇 双
周建强	陈丽华	叶乃章	何水明	廖新亮	孙常福
李丽红	尹丽华	刘 军	熊 伟	张胜利	周宝良
高延峰	杨新誉	张 林	魏 威	王 嘉	陈 明
总编辑	马康强	张广玲	刘 斌	周兴艳	段欣宇	张兰爽

总 序

  我们每个人心中都有自己崇拜的名人。这样可以增强我们的自信心和自我认同感，有益于人格的健康发展。名人活在我们的心里，尽管他们生活在不同的时代、不同的国度、说着不同的语言，却伴随着我们的精神世界，遥远而又亲近。

  名人是充满力量的榜样，特别是当我们平庸或颓废时，他们的言行就像一触即发的火药，每一次炸响都会让我们卑微的灵魂在粉碎中重生。

  名人带给我们更多的是狂喜。当我们迷惘或无助时，他们的高贵品格就如同飘动在高处的旗帜，每次招展都会令我们幡然醒悟，从而畅快淋漓地感受生命的真谛。只要我们把他们视为精神引领者和行为楷模，就会不由自主地追随他们，并深刻感受到精神的强烈震撼。

  当我们用最诚挚的心灵和热情追随名人的足迹，就是选择了一个自我提升的最佳途径，并将提升的空间拓展开来。追随意味着发现，发现名人的博大精深，发现时代赋予我们的使命，发现最真实的自我；追随意味着提升，置身于名人精神的荫蔽之下，我们就像藤蔓一般沿着名人硕大粗壮的树干攀援上升，这将极大地缩短我们在黑暗中探索的时间，从而踏上光明的坦途。

不要说这是个崇尚独立思考的年代,如果我们缺乏敬畏精神,那么只能让个性与自由的理念艰难地生长;不要说这是个无法造就伟人的年代,生命价值并不在于平凡或伟大。如果在名人的引领下,读懂平凡世界中属于自己的那本书,就能够成为最好的自己。

名人从芸芸众生中脱颖而出,自有许多特别之处。我们追溯名人成长的历程,虽然每位人物的成长背景都各不相同,但或多或少都具有影响他们人生的重要事件,成为他们人生发展的重要契机,并获得人生的成功。

名人有成功的契机,但他们并非完全靠幸运和机会。机遇只给有准备的人,这是永远的真理。因此,我们不要抱怨没有幸运和机遇,不要怨天尤人,我们要做好思想准备,开始人生的真正行动。这样,才会获得人生的灵感和成功的契机。

我们说的名人当然是指对世界和人类做出突出贡献的伟大人物,他们包括著名的政治家、军事家、发明家、文学家、艺术家、思想家、哲学家、企业家等。滚滚历史长河,阵阵涛声如号,是他们,屹立潮头,掀起时代前进的浪花,浓墨重彩地描绘着人类的文明和无限的未来,不断开创着辉煌的新境界和新梦想,带领我们走向美好的明天。

政治家是指那些在长期政治实践中涌现出来的具有一定政治远见和政治才干、掌握权力,并对社会发展起着重大影响作用的领导人物。军事家是指对军事活动实施正确指引或是擅长具体负责军事行动实施的人,一般包括战略军事家和战术军事家。

政治家、军事家大多充满了文韬武略,能够运筹帷幄,曾经叱咤风云,纵横天地,创造着世界,书写着历史,不断谱写着人类的辉煌篇章,为人们留下了许多宝贵的精神财富和物质财富。

科学发明家是指专门从事科学研究和发明,并做出了杰出贡献的人士。他们从事着探索未知、发现真相、追求真理、改造世界和造福人类的大学问。他们都有献身、求实、严谨和持之以恒的精神，都具有一颗好奇心。从好奇心出发，他们希望探知事物规律，具有希望看到事物本质一面的强烈意识与探索激情。还有就是他们都有恒心，他们在科学研究中不断努力，努力，再努力，锲而不舍，具有永不止步的追求精神。

文学家是指以创作文学作品为自己主要工作的知名人士和学者等。其中，诗人是指诗歌的创作者，小说家指小说创作者，散文家指散文创作者，而文学家则是指在诗歌、小说、散文、戏剧等各种文学体裁领域均取得一定成就的创作者，他们是人类精神财富的创造者。

艺术家是指具有较高审美能力和娴熟创作技巧并从事艺术创作劳动而具有一定成就的艺术工作者。进行艺术作品创作活动的人士，通常指在绘画、表演、雕塑、音乐、书法及舞蹈等艺术领域具有比较高的成就，并具有了一定美学造诣的人。他们是生活中美的发现者和创造者，极大地丰富着我们的生活。

哲学家、思想家是指对客观现实的认识具有独创见解并能自成体系的人士。思想主要是用言语和符号来表达的，而致力于研究思想并且形成思想体系的人就是哲学家、思想家。他们用独到的思想解决生活中遇到的问题，且在此过程中逐渐认识自我与宇宙，以此解决人们思想认识上矛盾迷惑的问题。他们是我们人类灵魂的工程师，塑造着我们的人格，探讨所有人类重要的问题和观念，并创造出一种思考和思想的能力，闪烁着智慧的光芒，照耀着人类前进的步伐，推动着人类思想和精神不断升华，使人类不断摆脱低级状态，不断走向更高境界。人是有思想和精神的高级动物，因此，哲学家和思想家是人类不可或缺的，是我们人类的伟大导师。

企业管理家是最直接创造财富的人。他们创造物质财富,推动社会不断进步,使得人们更加幸福。财富虽然只是一个象征,但它与人们的生活、国家的发展、民族的强盛等息息相关。企业家也创造巨大的精神财富,他们在追求财富过程中所表现出来的创新、冒险、合作、敬业、学习、执著、诚信和服务等精神,是我们每一个人学习的榜样。

我们追踪这些名人成长发展过程中的主要事件,就会发现他们在做好准备进行人生不懈追求的进程中,能够从日常司空见惯的普通小事上,碰撞出思想的火花,化渺小为伟大,化平凡为神奇,从而获得灵感和启发,获得伟大的精神力量,并进行持久的人生追求,去争取获得巨大的成功。

影响名人成长的事件虽然不一样,但他们在一生之中所表现出来的辛勤奋斗和顽强拼搏的精神,则大同小异。正如爱迪生所说:"伟大人物最明显的标志,就是他们拥有坚强的意志,不管环境怎样变化,他们的初衷与希望永远不会有丝毫的改变,他们永远会克服一切障碍,达到他们期望的目的。"

爱默生说:"所有伟大人物都是从艰苦中脱颖而出的。"因此,伟大人物的成长也具有其平凡性。正如日本著名歌人吉田兼好所说:"天下所有伟大人物,起初都是很幼稚且有严重缺点的,但他们遵守规则,重视规律,不自以为是,因此才成为名家并进而获得人们的崇敬。"所以,名人成长也具有其非凡之处,这才是我们应该学习的地方。

英国著名哲学家培根说:"用伟大人物的事迹激励青少年,远胜于一切教育。"为此,本套作品荟萃了古今中外各行各业最具有代表性的名人,阅读这些名人的成长故事,探知他们的人生追求,感悟他们的思想力量,会使我们从中受到启迪和教育,让我们更好地把握人生的关键,让我们的人生更加精彩,生命更有意义。

简　介

孔子（公元前551~公元前479），名丘，字仲尼，春秋末期鲁国陬邑人。

孔子是我国古代伟大的思想家和教育家，他是儒家学派的创始人，是世界最著名的文化名人之一。

据有关记载，孔子的祖先本是殷商的后裔。周朝推翻商朝的统治后，周武王将宋地封给商纣王的庶兄——商朝忠正的名臣微子启，当时宋是夏的都邑。微子启死后，他的弟弟微仲继位，微仲就是孔子的先祖。

自孔子的六世祖孔父嘉以后，后代子孙开始以孔为姓氏。孔子的曾祖父孔防叔为了逃避宋国内乱，从宋国逃到了鲁国。孔子的父亲叔梁纥是鲁国出名的勇士，他在晚年与年轻女子颜徵在结婚并育有一子，这个孩子就是孔子。

孔子是我国古代著名的思想家、教育家、儒家学派的创始人。他编纂《春秋》，修订"五经"，创办私学，打破了贵族垄断教育的局面。

孔子而立之年以后，就以《诗》《书》《礼》《乐》为教学内容，以自己的一言一行来教育弟子。他开创了我国历史上私人讲学的先河，将以前官府办学，只有贵族们才享有学习文化知识的现象，移植至民间。

他提出"有教无类"的方针,即人们不分贫贱富贵,都可以在他那里接受教育。相传孔子有弟子3000多人,贤弟子72人,孔子曾带领弟子们周游列国,长达14年。

孔子思想和学说的精华,在《论语》一书中,有比较集中的体现。《论语》就是孔子的语录,也有一些是对孔子弟子言行的记录,是孔子弟子及其再传弟子对孔子言行的追记。《论语》对我国历史产生了巨大而深远的影响。

孔子和他的思想,对中国人和中国文化的影响极其深远,他本人被称为"至圣",历史上没有哪个人的地位能够超越孔子。

自从孔子创立了儒家学说,它历经无数坎坷才得以传承。最先,儒家学说遭遇了秦始皇的焚书坑儒。后来,汉武帝采取了董仲舒的建议,"罢黜百家,独尊儒术"。从此,儒家学说一步登天,成了官方推崇的唯一的正统学说。

孔子早已成为世界名人。在孔子故里山东曲阜举行的儒学大会,成为国际性的文化论坛、高规格的学术盛会,是世界儒学界的一大盛事。

目 录

懂事的孩子 …………………………… 001
虚心好学的小仲尼 …………………… 005
从小仰慕有政见的人 ………………… 008
求知欲望非常强烈 …………………… 011
被羞辱后更加勤奋 …………………… 014
成家后仍不忘忧国 …………………… 020
拜访师襄子 苦学音律 ……………… 025
忠于本职工作 ………………………… 029
创办私学惠及民众 …………………… 035
教育思想被广泛认可 ………………… 042
按品行专长因材施教 ………………… 048
教育学生为人处世 …………………… 059
主张丧葬要合乎礼仪 ………………… 066
善于发挥学生特长 …………………… 070
教育学生要重德知恩 ………………… 076
用身边的故事教育弟子 ……………… 080
带领弟子排练宫廷乐舞 ……………… 086
名传海外收日本弟子 ………………… 090
带着政治理想实地考察 ……………… 093

坚持不懈地推行政治主张	097
卓越的政治才能	101
为国为民从不谋私利	105
无与伦比的外交智慧	109
为国家稳定献计献策	114
立纲治国颇有建树	117
为求政治发展离开鲁国	120
拜神童项橐为师	124
迫不得已几度奔波	131
孔夫子推磨过桥	139
虚心请教采桑娘	145
对家乡怀有无尽的爱	148
受困于陈蔡之间	152
在游历中深入学习	155
离开卫国重回故土	163
雄心不改潜心治学	171
开创儒家学派	174
把道德作为遵礼的标准	177
提倡施仁政以德治国	180
做仁人君子的楷模	183
以哲学思维倡导中庸	188
不迷信尚未认知的世界	191
潜心编纂古代文献	194
关注时局为国而忧	197
矢志不渝地保持晚节	200
带着崇高的信仰逝去	205
附：年　谱	209

懂事的孩子

公元前551年9月28日，在鲁国陬邑，就是今山东曲阜东南的叔梁纥家里，一个男婴哇哇降生了，相貌有些奇怪。

年迈的父亲和年轻的母亲，面对这个相貌有些奇异的男孩，激动得满眼泪花，相对无言，彼此露出会心的微笑。

这个婴儿长大后，经过勤奋学习和艰苦求索，成了儒家学说的鼻祖，成了影响世界的中国古代大思想家、大政治家和大教育家，对后世产生了巨大的影响。

据《史记·孔子世家》记载，孔氏一支传自宋襄公之子弗父何，弗父何生宋父周，宋父周生胜，胜生正考父，正考父生孔父嘉，孔父嘉生木金父，木金父生睪夷，睪夷生防叔，防叔生伯夏，伯夏生叔梁纥，叔梁纥生仲尼。

当时，孔父嘉被宋国太宰华父督杀害，他的后代防叔因畏惧华父督的迫害而逃到鲁国。按照当时的礼仪规定，他的贵族身份在鲁国得到承认，得以出任鲁国贵族臧孙氏的家臣，做了防邑宰。这是一个管理贵族采邑，即封地的小官。

防叔的孙子叔梁纥做了陬邑宰，又称陬邑大夫，是鲁国基层地方官吏,职位级别相当于现在的乡镇长。当时的地方官都是文武相兼的,平时管理地方,遇有战事就率兵打仗。叔梁纥在鲁国以孔武有力而闻名。

叔梁纥虽然通过自己大半生的英勇战斗获得了一定的地位和声望,但却因为没有一个身心健全的儿子袭爵继宗而闷闷不乐。他的夫人施氏一连生下9个女儿,未生一个男孩。其妾尽管生了一个儿子孟皮,却因下肢残疾而难以在贵族圈子里周旋应酬。

叔梁纥为此十分烦恼,决心再娶一个能为他生儿子的年轻女子作为妻子。于是,叔梁纥就向居住在鲁都曲阜的颜家求婚,结果他如愿以偿了。公元前552年,颜家十分贤惠的三女儿颜徵在正式成为叔梁纥的妻子。

颜徵在虽然为叔梁纥生下了健康的儿子,但是在家庭中,她依然没有任何地位,终日在施氏的淫威下过着忍气吞声的日子。也只有牙牙学语的儿子能给她带来欢笑声,能够暂时驱散她心头的阴霾,能够给她一些宽慰。

她每天都盼望着儿子能够尽快长大。不幸的是,就在仲尼刚满3岁的时候,叔梁纥却因为一场大病,不得不久卧在床,最后不幸撒手而去了,丢下了颜徵在母子。

丈夫的突然离世,让颜徵在心中感到无比悲痛。她对这个充满敌意的家庭再也没有什么可以留恋的了,她不得不带着儿子回到娘家居住的曲阜城。

颜徵在仅靠自己纺线织布、种粮种菜、饲养禽畜以及亲友的接济艰难地度日。这位无比坚强的女性,把自己的全部希望都寄托在聪颖懂事的儿子身上。

受母亲言传身教的深刻影响,仲尼自幼就酷爱礼仪,尤其是他对祭祀等一些古老的文化礼仪有着十分浓厚的兴趣,并且他经常做这方面的游戏。

公元前546年早春,一天早饭后,阳光暖暖地照着,阙里大街上传来了悠扬的乐声和嘹亮的锣鼓声。在乐队的后面,跟着一队马车。原来,这是某位贵族要进行祭祀活动,参加祭祀的贵族们兴高采烈地坐在车里。

小仲尼赶紧跑出家门,和平民百姓一起,紧紧地跟在祭祀队伍的后面。穿过街巷,祭祀队伍来到了曲阜南郊。主祭官和贵族们登上了祭坛。看热闹的布衣平民则有序地站在祭坛周围。

供桌上放着烤熟的猪、牛、羊和油炸的鸡、鸭、鱼、肉等祭品。空气里弥漫着肉的香味儿。只见穿戴一新的主祭官郑重地宣布道:"郊祭大典开始!依规程敬祭天神、地神!"

这次郊祭大典大约进行了一个时辰,年幼的仲尼始终兴致勃勃地在旁边观看着。

直至祭祀典礼结束了,仲尼才回到家里。年仅6岁的仲尼仍然兴趣不减,刚吃过午饭,他就在院子里摆上一些坛坛罐罐,模仿起祭礼来。他又当"主祭官",又当"参祭者",一步不落地按照程序严格操作着。

日复一日,仲尼尽情地演习着郊外的祭礼。这一切,都被他细心的母亲看在眼里。有一天,母亲颜徵在把仲尼叫到身边,微笑着问道:"丘儿,你长大以后,是想做管祭祀的官吗?小孩子家怎么天天学礼制呀?"

仲尼瞪着一双明亮的大眼睛,认真地回答:"娘啊,我长大了,要当个为国效力的好大夫,不学礼制能行吗?再说,你也不教我识字,我没事干呀!学礼容易,不用教,照着演习就行了。"

颜徵在一听到儿子有读书的要求,她的心中十分欣喜,就一把将儿子搂在怀里说:"丘儿真是娘的好孩子啊!从今以后,咱家里专为你设立学堂,你姥爷当过教书先生,我也当教书先生,娘教你读书好吗?"

"太好啦,太好啦!孩儿谢过母亲!"仲尼说完,恭敬地给母亲磕了一个头。

由于家里全靠母亲一个人支撑着,生活十分拮据。仲尼很小就尝到了生活的艰辛。年幼的仲尼看到母亲为抚育自己成长,付出了太多的辛劳和汗水。他在心里暗下决心,一定要好好学习礼制,不让母亲失望。

仲尼很小就知道体贴母亲,他经常抢着帮母亲干些力所能及的活,挑水、打柴、种菜、放牧等,凡是他自己能够干的活,他都抢着干。他用尽自己的微薄之力以减轻母亲的负担,以此抚慰母亲孤苦的心灵。

后来,长大成人的孔子特别注重孝道,除了时代的原因外,也与他个人的生活经历有着密切的关系。

仲尼的母亲体弱多病,常常卧病在床不能起身。每次母亲病倒,仲尼都尽心地服侍左右。要是母亲病情严重时,仲尼常常衣不解带地陪伴着母亲。

虚心好学的小仲尼

公元前546年，6岁的仲尼在家里跟母亲学识字。

一天早晨，颜徵在将刻有汉字的竹简放在桌子上，对儿子说："丘儿，这是娘给你准备的一个月的课程，一月之内，你要学会这300多个字。"

"娘说的话，儿记下了，娘快教儿识字吧！"仲尼手舞足蹈地说。

颜徵在开始教儿子识字："天、地、太、平"，仲尼逐一读、讲、写，全神贯注，学会几个字之后，便催促着母亲再往下教。

颜徵在说："光会读会讲还不行，还要会刻写。"

仲尼立即把学过的字刻写给母亲看。只用了6天的工夫，仲尼就把300多个字学会了。

那时，社会的阶级制度划分得很严格。诸侯之下是卿，卿之下是大夫，大夫之下是士，这些人统统属于上流社会。在士下面是一般的农、工、商人，再下面便是奴隶了。

仲尼是属于士的阶级。士以上各阶级的子女，到了13岁起便开始入学。

那时的学校很简陋，教师都是由村落的长老来担任，只是将

《诗》《书》《礼》《乐》概略地介绍一番。当时学生们所学的，主要是敬神祭祀的礼节。此外，就是对待长辈的揖让进退的礼貌和一些修身做人的道理。

仲尼也同一般的孩子一样，只是乖乖地坐在那里听老师讲课，但过了两年之后，他的学习态度有了明显的改变。

以前，仲尼只是听讲，从不发问，而现在却自动提出问题请求别人解答。他常常对老师、对母亲提出一连串的问题，对任何一件事只要有疑问，他都要打破砂锅问到底。老师和母亲有时也难免被他问得不知如何作答才好。

偏僻乡村的教育，已无法满足他的求知欲望。于是，母子俩便一同搬到鲁国的曲阜去住，仲尼就进了当地的学校。

仲尼这时候的学习态度，简单地说，就是"尚古"，也就是"崇尚古制"。"古"，是指古代的尧、舜、禹、周文王、周武王、周公时代的政治和文化。这些帝王都仁慈贤明，他们在位时国内的政治都安定而修明，为民造福。可是，到了仲尼那个时代，情形就大不相同了。

原来，在周天子支配下的各国诸侯，互相争权夺利，纷纷与王室脱离关系，宣告独立，过去的修明政治如今已被搞得混乱不堪。鲁国是东方的小国，势弱力小，随时有遭受他国兼并的危险。再加上国内权臣们的钩心斗角，形势更加纷乱。

仲尼目睹这种情形，不免怀念起古代的修明政治和安定的生活，因而对古代的文化和古时候圣人的言行如《诗》《书》《礼》《乐》等，都很细心地去探究。

仲尼在15岁前学习了一般文化知识和基本技能。但这些根本无法满足他对知识的渴求。由于家境贫寒，仲尼没有条件进入专门为贵族子弟设立的高级学校深造，他就只能通过自学来提高自己的水平了。

仲尼后来回忆说,我 15 岁就立志向学了,从那时起就下功夫学习了《诗》《书》等典籍。

《诗》是周朝民间的里巷歌谣和朝庙的乐章。《诗》的绮丽、优雅、丰润和悠闲,一切都是在歌颂古时周朝时期的盛况。仲尼曾在曲阜看到有由遥远的周朝派遣来的盲人乐团,便随着音乐的伴奏学起《诗》来。

《书》是以记录三代时的典谟训诰为主。如要明白周文王、周武王、周公等修明政治的施行情形,读这书是最为方便的。

对于《礼》,仲尼更为热衷。在曲阜,有司掌礼节的礼官,仲尼曾向他们请教过各种礼仪。

《乐》是五声八音的总名。仲尼后来曾学乐于苌弘。

《诗》《书》《礼》《乐》是周武王的弟弟周公旦所整理的。再说,鲁国就是周公旦的封国,所以,仲尼当然是很仰慕他的。

母亲的精心教育、家庭的深远影响,使年轻的仲尼表现出与众不同的特质。他勤奋好学,当时社会上要求一个士人必须精通的礼、乐、射、御、书、数六大科目,他都努力去掌握。进太庙时遇见什么问什么,表现了极其强烈的求知欲望。

仲尼从不放弃任何一个学习的机会,并且非常热衷于政治。他从小就树立了自己的远大理想,决心步入仕途,中兴家业,出人头地。

从小仰慕有政见的人

仲尼对周公非常仰慕，以至于在梦中见到了周公。

这位深受仲尼尊敬的周公是对父亲周文王最孝顺的一个。武王即位后，他帮助武王治理天下；征伐殷纣王的时候，他协助武王攻入了纣王的宫殿；纣王死后，周公把纣王的罪状向百姓们宣布。因为周公对国家的功劳很大，所以接着就把鲁国分封给他。

武王的弟弟管叔和蔡叔嫉妒周公的地位，到处散布谣言说："周公是伪君子，表面上说得很好听，其实，不久他就要篡夺成王的王位了。"

当然，周公是根本就没有这种想法的。

周公曾经对太公望说："不管别人怎样冷嘲热讽，我都必须协助成王摄政，因为周朝这时候最需要政治安定，不然的话，各地随时都有发生叛变的可能。

"要是天下大乱，我哪还有脸去拜见祖先？历代祖先经过长时间的努力奋斗，好不容易才建立起这番王业。武王不幸早逝，成王年纪还小，目前，维护王业的重任我当然是责无旁贷的。"

管叔和蔡叔散布谣言后，见周公不理睬，就挟持纣王的儿子武庚叛乱。周公奉成王的命令，带兵征伐，很快就把叛军打败了，杀掉管叔，放逐蔡叔，在两年之内，叛乱完全平息。

成王即王位后第七年的年初，经过一番实地勘察后，选定洛阳作为东都。这时候成王已经是个懂事的青年了。于是，周公就把政事交给成王，由他自己去治理。

周公把国家政事交还给成王以后，还有些人造出不少的谣言，向成王告密。周公也很明白，成王听了这些无中生有的谗言后难免会产生疑虑，所以，他不得不逃到楚国去。

周公出走以后，成王偶然发现了一枚竹简。上面写着周公的名字，是这样写的："幼王年纪轻，不大懂事。假使有冒犯神灵的地方，也请必责怪他，应该负责的是代理摄政的我。我诚心祈祷，请让幼王恢复健康。"

这是成王年幼患病时，周公向神祷告的字句。成王看了这张字条之后，才知道周公对他是一片真诚，恍然大悟地说："我不该听信谣言，我真对不起周公。"

他立刻打发人去请周公回来，向他道歉。

周公又曾做了两篇文章，献给成王，奉劝他勤修政事。其中一篇写道：

以前，从商汤到殷帝乙，即纣王的父亲，历代的皇帝都善于祭神、明德，顺从天神的意志。到了纣王的时候，就把这种事给败坏了，自绝于天，结怨于民。对于这样暴虐无道的帝王，人民是可以起来把他灭掉的。到了周朝，都是贤能的帝王。文王常常是废寝忘食地勤于政事，所以，他在位五十年之久，而王业隆盛。

同母亲一起住在曲阜郊外的小房子里的仲尼，常常在睡觉时梦见周公。

有一次，仲尼在梦中喃喃自语，把母亲给惊醒了。

母亲问他："仲尼，怎么了？"

"没什么，把您给吵醒了，对不起！"

"你的梦语使我吃了一惊。"

"我刚才正在做梦哩！"

"做什么梦？"

"我梦见周公了。"

"噢！周公他跟你讲话了没有？"

"嗯！周公的马车走过来的时候，我就跪在路旁。他看见了我，微微地对我一笑，就跟我讲起话来。"

"他说什么？"

"他问我：'你叫什么名字？'我说出名字之后，他很慈爱地笑着说：'你好像很知道用功读书，希望你要努力坚持到底。'"

"哟！"母亲有点惊异地笑了起来。

仲尼接着又说："我太高兴了，高兴得在马车走过后，不禁哭了出来。"

"原来如此，那太好了，能够在梦里见到周公，是很难得的呀！"母亲说。

每次梦见周公后，仲尼总是久久不能入睡。

仲尼敬仰周公，经常到鲁国各地考察学习，遇有不明白的问题就虚心向他人求教，这使他获得了大量知识。

求知欲望非常强烈

公元前542年,10岁的仲尼跟随母亲来到了外公家,开始了在外祖父家里的读书生活。

第一天上课,母亲也在场。外祖父颜襄说:"按外孙的功底,该授'六艺'了。'六艺'包括礼、乐、书、数、射、御六科。我多年讲授礼、乐、书、数,对这四科还算是通晓,但对射、御两科,虽然知道一些知识,但没练习过射箭,也没驾驭过车辆。"

仲尼说:"请外公先给我讲一讲'六艺'的含义吧!然后再细细地学。至于射箭、驾驭车辆方面的本领,我可以另找机会学习。"

颜徵在对儿子说:"你外公学识丰富,你要专心学习,不要急于求成,只要循序渐进,必能成才。"

颜襄说:"外孙急于求知,这本是好事嘛!"

颜襄端起茶碗,喝了两口茶,开始讲解"六艺"的含义。

仲尼听完,惊讶地说:"外公如此博学,真神人也!知识如江河湖海,无穷无尽呀!丘定孜孜以求之。"

日复一日，外公讲授不倦，仲尼废寝忘食，夜以继日地学习着。

4年之后，颜襄不遗余力地把自己所掌握的丰富知识教给了外孙。仲尼对所学的"六艺"等书本知识做到了熟背和明义，能对所学知识举一反三、灵活运用，并且，已开始攻读《诗》这门课程了。

仲尼向外公颜襄学习"书"时，在掌握6种造字和用字之法的基础上，刻苦练习刻字。

颜襄指导外孙说："刻字应按方书刻，方中有圆，笔画讲究轻重顿挫，一笔不苟，横竖有别，严整中有变化，清劲中含灵气，力求写得秀朗美观。"

仲尼按照外公的要求，认真习字。每天，先用半个小时，手持刷子，在一大块"习字石板"上反复练写。外公站立一旁，及时纠正他写姿、运笔方面的毛病。

颜襄院内的鸡窝上，盖着一块又厚又光滑的大青石板，仲尼就把这块大青石板作为练习大字的"竹简"。

他每天用刷子蘸清水，在大青石板上练写100个大字。盛夏，汗流浃背，不辍练习；严冬，手冻得红肿发抖，刷子和青石板冻结在一起，他换盆热水，仍坚持习字。

仲尼每天坚持习字，不到两年，便练出了一手好字。这时的仲尼年仅13岁，已成了鲁都城内有名气的少年书法家了。

在仲尼刻苦练字期间，仍不忘随时随地研习周礼。实际上，在同龄人当中，孔子对周礼已经很熟悉了，可是他仍然不断地观摩钻研。

有一回，他去观看太庙里的祭祀典礼，他把自己所见到的每一项礼节、每一件祭物，都虚心地向内行人打听。

有人嘲笑他："谁说这个陬邑大夫的儿子懂得礼节呢？你看他没完没了地问，大概是什么也不懂吧？"

仲尼听了这些话，却很坦然，他说："不懂就问，这正是礼呀！别人的嘲笑，何有于我哉？"

后来，人们把此事总结成一句话："子入太庙，每事问。"

意思是说，无论什么人，有不懂的事物就要请教他人，这不是羞耻的事情，不懂装懂才可耻。

被羞辱后更加勤奋

仲尼从懂事时起就牢牢记住了自己的贵族身份,念念不忘自己祖先的光荣。他是那么渴望跻身于贵族的圈子里,与上等人为伍,享受贵族的尊荣。

他拼命地学习各类文化典籍和礼乐知识,也是希望这些学识终有一天能派上用场。

随着年龄的增长,仲尼的这种欲望就变得越来越强烈了。

每逢他路过鲁国国君的宫殿门前,每当他经过季孙氏、孟孙氏和叔孙氏三家大夫的府第前,看到那些衣冠楚楚的贵族们进进出出,看到他们坐着华丽的马车在大道上恣意驰骋,心里就会掀起阵阵波澜。

仲尼常想:"什么时候我也能像他们那样自由地出入宫廷、官府和贵族之家啊,什么时候我能像他们那样可以议论政治,享受盛宴和参与各种典礼呢?"

这个机会终于等来了。公元前535年,鲁国的执政大夫季武子和季孙宿举行盛大的飨士宴以招待士人。

这种宴会在当时不定期地举行,是当政者在士人阶层中选拔官吏的一种形式。而且，这一年的飨士宴与鲁国大夫孟僖子、仲孙获陪同鲁昭公出使郑国和楚国时，因不懂礼仪而大出洋相有关。

鲁国的执政者想通过这次飨士宴，一方面向士人显示他们礼贤下士的风度，另一方面也想借此机会物色一批通晓礼仪的人才，使以东方礼仪之邦著称的鲁国再也不要失礼于其他诸侯国了。

仲尼得到举行飨士宴的消息后，兴奋得彻夜未眠。17岁的孔子，已经是鲁国学识深湛、深孚众望的青年才俊了。

仲尼思考着，设想着。他想利用这次机会和季孙氏接触。如果季孙氏真能了解自己，收自己为家臣，就等于登上了政治舞台。就是凭着自己是陬邑大夫的儿子和博学多才这两个条件，也具备士的资格了。何不抓住这个难得的机会，争取跻身于仕途呢？

举办宴会的这天上午，仲尼早早地来到季孙氏门口的石阶前。

那些穿戴华丽、神气十足、自由出入的纨绔子弟的形象不断地映入他的眼帘。孔子低下头看着自己浑身上下穿的是孝服，显然与今天季孙府喜气洋洋的气氛不协调。

他心想：母亲离世不久，穿孝服正是儿子应该做的！于是，仲尼便挺胸昂首，拾级而上。

"站住！你是什么人？来这里做什么？"大门旁站着一位凶神恶煞的汉子，见这个少年身着孝服要进去，就大声问道。

"我是孔丘，是特意来参加相府宴会的。"仲尼马上停止脚步，恭恭敬敬地回答。

那汉子手握宝剑，傲慢无理地对仲尼说："哈哈哈，我早就知道你仲尼的大名了！至于本人吗！就是相国的家臣阳货！"

"失敬了，失敬了！孔丘对您也是早有耳闻，只是一直没有见过面。"仲尼说完，施了一礼，就又朝相府走去。

阳货看见仲尼还向里面走,一下子跳起来,站到大门口的中间,挡住了仲尼的去路:"相国今天只是宴请文人学士、社会名流,你有什么资格前来赴宴!你有相国的邀请函吗?"

阳货的一句话,就如一瓢冷水泼下来,问得仲尼哑口无言,他意识到自己再也不能向前迈步了,因为他实在找不出任何理由来。

仲尼气愤地离开相国府,回到家里,数日不肯出门。很显然,这次赴宴遭到了拒绝,对仲尼的刺激很大。

这件事就如当头一棒,让年少的仲尼彻底清醒过来。他从此不再寄希望于幻想,他也终于明白了自己在身份上与贵族的差距,认识到祖宗的余荫是靠不住的。要想进入上流社会,一切都必须靠自己努力争取。

从此以后,仲尼在心底里暗暗发誓,一定要凭着自己的才学和能力,走进上流社会,光宗耀祖。于是,他更加发奋地努力学习、刻苦钻研。他相信,发挥自己聪明才智的日子迟早有一天会到来。

仲尼虽然在少年时期曾帮着母亲干过许多杂活,然而,对这个一贯以贵族子弟自居的青年人来说,毕竟不能把种田、放牧作为自己谋生的手段。

母亲的离世,让仲尼的生活更为艰难了。他整天除了学习就是谋划着自力更生的办法。于是迫于生计,他选择了襄礼助丧的职业,当时叫作丧祝,就是专门为贵族和富裕的平民主持、操办丧事。

按照中国古代礼制,当时的丧礼活动是十分复杂、也颇为讲究的,尤其是富庶人家的葬礼更是隆重奢华。

这种襄礼的活动在西周时期大概是由王室和诸侯国的神职人员巫、祝之类主持的。后来,随着社会的发展,神职人员地位开始逐渐降低，他们逐步散落民间，便成为专门从事相礼活动的丧祝。

后来，襄礼不再是贵族的特权，一部分富裕起来的平民在丧葬礼仪上也日益讲究起来，对于丧祝的需求也越来越多。如此一来，丧祝开始成为一部分民间知识分子的正式职业。

那么，孔子是从什么时候开始从事襄礼活动的呢？史料上并无确切记载，据研究人员推算，大概是在他母亲去世前就已经开始了。

当丧祝的人，需要身着特制的礼服，头戴特制的礼帽，当时称之为"襦服"。"襦"与"儒"字同音，人们便逐渐直接称丧祝为儒。因为孔子长期从事这种职业，他创立的学派也就称为儒家学派了。

孔子对丧礼的掌握同样经历了由少到多、由不熟练到熟练的过程。他关于丧礼的许多知识，也是来自于做丧祝的过程之中。

在那尊祖宗、敬鬼神的古代，人们对待死去的先人要比对待活着的人重视得多，丧葬祭祀活动也日益隆重而繁杂。贵族发丧时，场面浩大，涉及人员众多，丧礼繁杂而又考究。

据古籍记载，从人死到下葬前的礼仪程序就有抹浴、饭含、小殓、小殓奠、大殓、殡、大殓、奠、朝夕哭、荐新、启殡、载柩、朝祖、行柩等，多达50余项。每项都有复杂的规定。各个程序、环节所需不同丧具以及它们如何放置使用，也都有约定俗成的要求。

相礼的儒要负责指导和安排数以百计、千计的参加丧事的各类亲友。同时，儒者本身设物执事、一举一动也都有其严格细密的规定，儒者必须一丝不苟地加以履行。

从事这种复杂而严谨的襄礼业务，需要对丧礼各方面知识熟练掌握。这门职业其实是很辛苦的,既要操心,又要劳力,还要小心翼翼地保证参加葬礼的人不出现疏忽或差误。

可是孔子却尽心尽力地去从事这一职业,而且是一直做到晚年。

孔子在晚年回忆自己曾经的生活时,说:

> 出则事公卿,入则事父兄,丧事不敢不勉。不为酒困,何有于我哉?

所谓"丧事不敢不勉",就是对他在襄礼过程中认真、尽职的真实写照。在从事襄礼职业的过程中,孔子的知识、经验越来越多,对业务也是越来越熟练。

孔子虽然严肃认真地从事助丧襄礼,但是却不满足于做传统的儒者,不满足于能熟练地重复着世代沿袭的基本相同的程式,不满足于对礼乐知识的简单掌握,不满足于这不体面的"鄙事"和仅仅把礼乐知识当作一种谋生的手段。

从墨家攻击孔子以后的那些为求食而做儒者的情形,似乎可以窥见早年此类儒者是为君子所鄙视的。

孔子向往和追求的是个人生命价值可得以展现的职业;是发现礼的意义,追究礼的大体,探索蕴含在礼乐中的社会、人生哲理;发现礼的规定中所蕴含的精神、"所以迹"、道义等。

因此后来,孔子便逐渐由助丧襄礼之儒向新型的学者之儒或曰道义之儒发展变化,最终成了名副其实的"君子儒",成为我国历史上由传统"襄礼之儒"向"儒学之儒"转化的第一人。

孔子在从事丧祝工作的同时,利用一切可能的机会刻苦学习,所学知识很快就超出了当时贵族学校规定的礼、乐、射、御、书、数六大科目,成为一个名副其实的学者。

因为孔子很有学问，他主持和策划的丧祝与一般人主持的丧祝完全不同。

他在为人家进行襄礼活动时也干得特别出色，并且时常有些新颖的活动加入传统的襄礼中，使原来显得死气沉沉的活动变得有声有色。因此，许多显赫的贵族家庭在有需要时都特意前来请他。

孔子因而名气越来越大，就连鲁国国君也开始注意到他了。

成家后仍不忘忧国

孔子为了维持生计经常帮人料理礼仪事务,入班当吹鼓手,还替人干杂活。他总是把一切都打理得井井有条,因此受到人们的一致赞誉。

这天早晨,一位老汉来到了孔子家里,自报家门说:"我姓亓官,是从宋国迁来的。昨夜,我家院墙被猪拱倒了。我现在又生病,家中没有会修缮的人,为此特地前来请你帮忙修补院墙,不知可否?"

听了老汉的此番言语,孔子知道老人是求他帮忙,便赶紧把老人让进屋里,摆上果品,热情地款待这位来客。

孔子说道:"我家祖籍也是宋国,咱两家的远祖原本就是同乡,现在又是邻居,就更应该帮忙了。"

亓官老汉接着说:"我听街坊邻居们说,你是贵族的后代,以劳助学,并且知书达理,将来必成大器啊!"

孔子谦虚地说道:"感谢您老人家的鼓励!事不宜迟,趁天色尚早,您现在就带我前去修补院墙吧!"

一来到亓官老汉的家里,孔子连水都没喝一口就忙着干起活来。

亓官老汉看着年轻聪慧的小伙子，既知书达理，又能出力干出一手好活计，更是发自内心地喜欢了。

不知不觉到了午饭时间，亓官老汉的女儿将早已备好的饭菜端到桌子上，便知礼而退了。

亓官老汉叫来女儿："女儿，你过来一下。"

然后，老汉指着他的女儿，向孔子介绍说："她是我的独生女，今年16岁。我老伴在孩子3岁时就被一场大病夺去了性命。从此后，我是又当爹，又当娘，还要教她读书、写字，不容易呀！"

他又对女儿说："孩子，他就是我经常向你提起的仲尼。"

孔子望了一眼秀外慧中的姑娘，不禁由她的身世想到了自己的身世。他想到自己3岁丧父，心中突然有种同病相怜的感觉。

活干得很快，下午的时候就完工了。

亓官老汉说："多谢仲尼热情帮助，劳累一天，辛苦你了！老夫无以为谢，这些粮食和干肉你就带回家吧，聊表老夫谢意。"

孔子说："邻里相帮，本是孔丘应该做的，哪能收受您的物品呢？您的生活也不宽裕，还是留着以备家用吧！"

孔子婉言谢绝了亓官老汉的好意，就回到家中，继续钻研起学问来。

冬去春来，转眼间孔子已经19岁，出落成一个英俊儒雅的少年。一年一度的初春乡射在鲁都矍相圃正紧张地进行着。

在众多的参赛选手中，孔子也是其中的一个。他早就希望这场比赛如期举行了。在激烈的比赛中，选手们个个都为自己捏了一把汗。

轮到孔子上场了，只见他气定神闲，毫无紧张之意。他不慌不忙地拿起箭，拉满弓，按照比赛规定一鼓作气连发数箭，箭箭都射中了靶心。观众席上传来了阵阵叫好声。比赛结束后，主持人在台上宣布:"本届乡射比赛,孔仲尼夺魁。"

乡射完毕后,孔子开心地走在回家的路上。巧的是,正好与观射回来的亓官父女相遇。

亓官老汉热情地说:"仲尼果然不出老夫所料,今年再次夺魁,可喜可贺呀!"

"您过奖了!过奖了!"孔子拱手施礼道。

"既然相遇于此,不妨顺路到老夫家暂且坐坐,你意下如何?"亓官老汉盛情相邀道。

孔子正高兴着,见别人盛情相邀,也没推辞。

到了亓官家,亓官的女儿忙端上一杯水给孔子。孔子连忙起身道谢:"有劳姑娘了!"

亓官老汉说:"仲尼呀!老夫真为你高兴。没想到你射箭这么准。看来,你是真正精通'六艺'的人!"

"哪里!哪里!我对'六艺'的学习还仅仅是入门,算不上精通。"孔子谦虚地说道。

正在谈话间,亓官女拿来了一篇文章,来到孔子面前,说道:"这是小女子偶感而发,写的一篇文章,还望仲尼不吝赐教!"

孔子谦虚地说:"不敢!不敢!孔丘应当拜读才是。"

通过这次交流,两个年轻人的关系又近了一层。

这年三月,鲁国出现了极为罕见的干旱,人们都把希望寄托于老天,纷纷祭天求雨。祭天求雨仪式结束后,人们都散尽了,孔子却仍然站在河边作揖祈祷。

这一天,亓官女跟着孔子一同祈祷,两个情窦初开的年轻人在河边度过了美妙的时光。

经过一段时间的交往,孔子决定去亓官家求婚。

在一个雨过天晴后的上午,孔子换上了新衣,买了6只公鸡、6

条咸干肉，朝亓官老汉家走去。

他进屋就向老人施礼道："大叔，孔丘特来看望您老人家。"

亓官老汉明白了孔子这次来的目的，笑着说："看来，今天是个大喜的日子啊！"

孔子有些紧张地说："请原谅孔丘冒昧，今天特此前来求婚，不知道尊长您是什么意见？"

"正符合我的意愿，能将小女许配给你，这也是我亓官家的造化，是我小女的福气。"亓官老汉高兴地答应了这门亲事。

四月下旬的一天，是孔子结婚的大喜日子。他穿戴一新，热情地接待客人。孔子的至亲、前后左右的邻居们以及一些同窗、好友都来了。按当地平民标准，宴席还算比较丰盛。直至掌灯时分，亲友们才相继散去。

孔子带领新婚之妻跪在父母的牌位前，磕头祈祷。他说："孩儿向父母禀报：我已19岁长大成人了，今天和亓官女结为夫妻。今后，我将更加奋发上进，有所作为，以告慰父母在天之灵。"

亓官女紧随孔子双膝跪下，道："亓官女跪禀公婆：儿媳会终生照料丈夫，全心侍其左右，以助他早成大器，慰藉公婆在天之灵。"

婚后第二年，孔夫人就生下了一个儿子，这对年轻的夫妇自是高兴不已。婚后的生活对孔子来说是幸福而美满的，尽管生活并不富足。夫妻两人你恩我爱，相互勉励。

有了家庭的孔子比原来更加努力学习，他曾经专程到宋国考察殷朝的礼制，对周礼的渊源进行研究。他明确地指出夏礼、殷礼以及周礼之间的继承关系。

鲁昭公对孔子的言行极为认可，当他得知孔子有了儿子，特地命人送去一条大鲤鱼，以示祝贺。孔子夫妇能得到国王的如此厚待，简直是受宠若惊。孔子随即给儿子起名为鲤，字伯鱼，以表示对昭公赐鱼的纪念。

公元前529年的春末夏初，23岁的孔子又喜得一千金，他为女儿取名为"无违"。

关于这个名字，他给妻子解释说："当今的鲁国，像季武子，虽然是相国，竟然敢违背周礼，如果层层仿效，作为规范人们行为标准的周礼就不起作用了，鲁国就会处于混乱状态。我给女儿取名'无违'，就是基于上述思考，希望自己的孩子永不做违背周礼的事，更希望社会上不出现违背周礼的现象。"

拜访师襄子　苦学音律

孔子对音乐怀着很深的情感，我们从他在齐国因为听到《韶》乐而"三月不识肉味儿"这件事里就能明显看出来。

孔子学音乐的时候，曾经下过很大的工夫。就像他在其他方面的学习一样，虚心而踏实。他跟鲁国音乐专家师襄子学琴的故事，就是一个典型例子。

公元前523年，一心为挽救礼乐而努力的孔子，越来越意识到学好音乐的必要性。

他对颜路说："在'六艺'中，我的音乐造诣不深，想拜师襄子为师。"

于是，30岁的孔子辞别亲友，由颜路等陪同，向着师襄子家乡的方向走去。孔子来到师襄子家门口，躬身施礼道："我是鲁国孔丘，是专程来向您老人家学习弹琴的。"

师襄子说："盛名之下，其实难副。先生不远千里，专程而来，足见学艺心切，我定尽力与夫子切磋琴艺。"

于是，孔子安心地住在师襄子家里，潜心学起音乐来。

有一段时间，孔子每天都在师襄子家的后庭院中练琴。可以说是达到了足不出户、手不离琴的地步。即使是到了吃饭的时间,也是匆忙吃几口,草草了事。然后就又操起琴来。

师襄子见他如此刻苦用心,很是欣赏。

孔子在师襄子家里已经学了半月有余。这天一大早,孔子又继续练琴,他是如此专注地练习着,以至于老师站在他身后好久,他都没有察觉。

师襄子没有打扰孔子,直至孔子弹完一曲,才对孔子说:"我方才听你弹的乐曲,悠扬婉转,指法娴熟,已经非常不错了,你现在就可以学新的乐曲了。"

孔子恭敬地站起身来,又深深地施了一礼,说:"感谢老师赐教。只是为徒学艺未精,我还想再练些时候,可以吗?"

师襄子点头笑着应允。

过了些时候,师襄子两次来到后庭院中,听着孔子弹琴已经相当熟练了,便说:"从你现在的乐曲中,可以明显听出来,你比以前弹得更好了,现在可以练习其他曲子了。"

孔子仍是毕恭毕敬地站起身来,深施一礼说:"谢老师夸奖,我的指法、技法虽然成熟了,但是曲子的真谛还没有悟出。请容我再练些时日吧!"

就这样,时光在孔子弹琴的指尖轻轻地流过。每天,孔子早起晚睡,不知疲倦地一遍遍练习着。当他练到第十五天的时候,忽然站起来,像是突然间领悟到什么,脸上露出平日里少有的笑容。

师襄子此时已经来到了孔子身边。孔子兴高采烈地对老师说:"我现在终于摸索出来了。这是一个有深邃的思想的人,这是一个乐观而又眼光极其远大的人,这是一个要统一全国的、拥有远大志向的人。难道这就是周文王吗?不是他,谁还能谱出这样美妙动听的乐曲呢?"

师襄子听后,激动地说:"夫子果然名不虚传啊,不愧被人们公认为当今的贤人!曾经教我学琴的老师告诉过我:据传,这支乐曲实乃周文王所作,名字叫《文王操》。"

孔子在师襄子那里大约学了一个月的音乐,在乐理及音律、弹奏等方面的修为突飞猛进。他和老师终日谈琴论曲,成了知音。

师襄子与孔子经常一边对饮,一边亲切交谈。

孔子说:"古人为什么制造了琴?我还是有不明白的地方,希望老师指教。"

师襄子说:"古人造琴,一是为了娱乐,陶冶人的情操;二是为了教育,歌颂功德、正义、美好生活,鞭挞丑恶。"

说完,他来到一架乌黑发亮的古琴旁,调好琴弦,聚精会神地弹起来。一曲终了,师襄子问:"这首曲子完整地表达了刚才谈到的音乐的功能,估计夫子也不生疏吧?"

"如果我没记错的话,这首曲子叫《大武》,歌颂了武王伐纣、平定天下、造福百姓的文治武功。"孔子谦逊地说。

师襄子说:"在当今礼崩乐坏的时代,能在家中遇上像夫子这样重礼通乐的贤人,的确是我晚年的幸运啊!"

"您老对晚辈过奖了!"孔子起身为师襄子续杯,说道,"对《大武》的深刻内涵,我还是不太理解,请您指教。"

师襄子说:"这首乐曲,一共分为6个乐章,现在,我来弹奏。我每弹一章便稍有停顿,请夫子仔细揣摩各章的含义。"

师襄子说完,就开始弹奏起来。流畅的琴音、熟练的技法,无不令站在一旁的孔子啧啧称赞。师襄子认真地弹奏着《大武》的各个乐章。每一乐章的琴音刚落,孔子就会凝神思索一会儿,然后说出自己的感悟。

师襄子离开琴案,重新坐到桌旁,端起孔子递过的杯盏,竖起大拇指,欣慰地说:"这么高深的见解,太让人惊讶了!夫子已经精通音乐了。知音,知音啊!我们的确有着共同的音乐语言,实在是难得啊!"

师襄子不遗余力地教授孔子音乐知识。经过师襄子精心的指导,孔子在音乐方面的技艺日渐提高。师襄子也在与孔子谈古论今中增长了不少知识。

忠于本职工作

孔子渊博的学识和出众的才华，在襄礼活动中得到越来越多人的承认和赏识，特别是鲁昭公赐他鲤鱼的消息更是不胫而走，一时间传遍了鲁国都城。

就连邻国也相继知道了这一消息。昔日那些看不起他的王公贵族们也开始对他刮目相看了。这一切，更加让孔子体会到了人心善变、趋炎附势的丑陋嘴脸。

正当孔子娶妻生子后，生活日益拮据，夫妻俩为生计发愁的时候，鲁国的执政季武子派人前来请他。孔子欣然前往。

登上季氏派来的马车，向季氏府第进发。这一路上，仲尼是思潮起伏，感慨万千。

孔子想起了就在几年以前，他贸然去季氏府第赴飨士宴，被阳货无理拒绝的情景。当时真如冷水浇顶，无地自容。如今，季氏居然又派人前来聘请，真是今非昔比啊！

到了季武子家，季武子见孔子身材高挑，英俊儒雅，仪表堂堂，谈吐不凡，更是另眼相待。

据史书上记载，孔子"身长九尺六寸"，被人称为"长人"。

季武子为了考察孔子的学识，与孔子交谈了好久。在这期间，季武子起身去了趟厕所。

他刚走到屋外就听有一个费邑人前来报告，说："我们挖井时挖出了一个土罐，里面有一只羊，不知是何怪物？"

季武子想，正好借此事件来试探一下孔子的学问，便嘱咐那人不要说话。然后，季武子回到屋里，问孔子："我最近听说有人在挖井时挖出了一只狗样的动物，不知是什么怪物？"

孔子说："要让我说，挖出的东西肯定不是狗，而是羊。"

季武子大吃一惊，忙问孔子为什么。

孔子说："我听说山中之怪叫夔魍魉，水中之怪叫龙罔象，土中之怪叫羵羊，现在你说的这个怪物是挖井挖出来的，属于土中之怪，肯定是羊。"

季武子问："为什么管这种怪物叫羵羊呢？"

孔子说："非雌非雄，所以叫羵羊。"

然后，季武子又召来费邑人，经过询问才知道，那个怪物果真分不出雌雄。

季武子大惊说："先生的学问，实在是没人能比啊！"于是，他当场决定把孔子留在季府。

这件事情不久后传到了楚国，楚昭王即刻派人带着贵重礼品来到鲁国请教孔子，问当年自己渡江时所得到的东西是什么？

孔子说："叫萍实，可以剖开吃。"

使者说："先生是怎么知道的呢？"

孔子说："我以前游历楚国时，曾经听到一首童谣：'楚王渡江得萍实，大如斗，赤如日，剖而食之甜如蜜。'因此就知道了。"

使者问："萍实能不能经常得到呢？"

孔子接着说道："所谓萍实，就是那些漂浮在江水中的无根之物聚结而生的果实，千年未必生成一个，极其难得。这是散而复聚、衰而复兴的征兆，楚王能得到这东西，真是可喜可贺啊！"

使者回国复命后，楚昭王叹服不已。

有一天，在齐国的南方边境处忽然飞来一只大鸟，身长一米左右，颈部羽毛为白色，其余的部分羽毛为黑色，嘴长，独足，在田里飞来飞去，农夫怎么赶也赶不走它。过了一阵后，那只大鸟忽然腾空往北飞去了。

季武子听到这件怪事后，又询问孔子这是怎么回事。

孔子说："这只鸟叫'商羊'，生在北海之滨。天将要下雨时，'商羊'就会飞舞，所过之地，必有大雨。齐国和鲁国相邻，应提前做好准备，以防雨灾。"

于是，季武子赶紧告知汶上那个地方的百姓，让大家抓紧修缮房屋。3天后，汶上果然下起了暴雨，但由于鲁国提前做好了抗灾准备，所以百姓安然无恙。

这件事传到齐国后，齐景公以孔子为神人，从此孔子的博学多识名闻天下，时人皆称孔子为"圣人"。

孔子一生好学，从不满足于现状，即使在身为人师的时候也是如此。

有一次，鲁国的一个附庸国的国君，名叫郯子，前来鲁国朝见鲁昭公。郯子虽是一小国之君，可自称是少皞氏的后代，少皞氏可能是属于鸟图腾崇拜的东方民族。

在鲁昭公举行的宴会上，叔孙昭子问少皞氏因何以鸟名为官名，郯子便大谈了一通古代官名的由来，还乘机夸耀"我高祖少皞挚之立也，凤鸟适至，故纪于鸟"。

孔子听过后，出于对古代官制的兴趣，便"见于郯子而学之"。

孔子后来对人说："我听说，天子失官，学在四夷，还真是这样。"

以后他去了许多有不同文化传统的诸侯国，都致力于收集各地的历史和礼仪等方面的史料，成为当时学问最渊博的学者，被后人称为"集大成者"。

孔子所在的那个时代，信息很不发达，获得信息的途径也很少，在这种情况下，孔子的博学还这样包罗万象，涉及很多学科及另类问题，因此孔子有"圣人"之称也就不足为奇了。

话说，孔子当天被聘入季氏府第，随后即被引进客厅。

季武子说："我今天请你来，是仰慕你的学识，请你帮我做点儿事情。"

看到孔子洗耳恭听的神情，季武子继续说，"我想请你做我家的'委吏'，帮我管理仓库。以后有需要再安排其他职务。"

孔子听罢，心想这一职务尽管并不怎么显要，但总可以得到稳定的俸禄，不必再为妻儿的衣食犯愁了，所以就爽快地答应了。

季武子当即向孔子发了委任书。他向孔子讲述了原委吏郎利渎职的情况，并说："我责成你严加处置，做好仓库管理工作。"

"遵命，丘明日赴任。"孔子郑重地说。

第二天清晨，季武子安排管家带孔子来到鲁都城东仓库大院吏署。管家把郎利和郝、黄、米、汤、平、常6个差头召集到吏署，逐一向孔子介绍。

管家对大家说："奉季孙相国之命，新任委吏孔仲尼接替郎利，希望诸位协助孔委吏，做好交接和今后的田赋征管工作。"

孔子当场指示："郝、平、常三位差头与我一起查看粮仓，其余各位回去休息。"说完，便和他们一起向仓库走去。

他们把几十个大粮仓看了一遍，每个仓内的囤数相同，囤的大小相等。孔子记下了仓数和每仓内的囤数，分别谦虚地问3个差头每囤粮食有多少石。

结果，平、常两位差头说出的石数一致，郝差头说的石数多一些。孔子还单独逐个问了黄、米、汤3位差头，他们说的石数都高，而且各不相同。

孔子又分别问平、常两人："郝、黄、米、汤4位差头与郎利是什么关系？"

4位差头都回答："他们是亲戚。"孔子心里有底了。

孔子请平、常二位差头协助其查账，只用了一个月的时间，就把前任委吏郎利的账全查清楚了，并建立了账物相符的新账。

在查账期间，平、常两位差头被孔子正直公正、一丝不苟的精神所感动，主动交代了郎利为堵自己的嘴而派人往自己家里送私分粮的数量。

接着，两人又向孔子揭发了5年来郎利监守自盗的行为和数量，还揭发了其余4个差头和全体差役每年私分的情况和数量。

孔子将他们的私分数、库存数、出库数相加，大体上等于5年来的规定征赋数。孔子将清仓查库情况、清退结果和管理措施一并向季武子作了禀报，并请季武子察看仓库、旧账、新账和清退出的巨额粮、钱。

季武子说："做得对，办得好，夫子真有本事！我赏你黄金5镒、粮食10石。眼下，夏收到了，我相信夫子也一定能把收赋之事办好。"

不久，季武子对孔子说："夫子是个人才！我想请夫子推荐一个委吏，按夫子的管理办法，接替夫子的工作。夫子是否能改做乘田吏，再把园圃管好，夫子你同意吗？"

"既然相国大人高看丘，我哪有不同意的道理！"孔子满口答应，并从现任的差头中，推荐常青任委吏。

"就这么定了！你交接完毕，即可去乘田吏署上任。"季武子说完,从怀中取出事先用白绢写好的委任书,递给了孔子。

孔子向季武子谈了如何上任、如何克服痼习、如何管理的思路,季武子乐得拍着膝盖说:"好,好!就这么办!"

季孙氏的乘田吏署和园圃设在防山西边的丘陵上,这是个天然牧场,距曲阜有20多里。

孔子从小就放过牛羊,积累了一定的经验,又善于从典籍中学习畜牧知识,接任乘田吏的职务后,更是专心致志,认真负责,很快建立起一套行之有效的管理、喂养、放牧、繁殖的制度,把牧场管理得井井有条。

一年后,不仅原有的牲畜茁壮成长,还有了大量的繁殖。季武子几次去牧场视察,发现牧场大变样,所有牧工、兽医和其他工作人员都各司其职,忙而不乱,一切都很有秩序。季武子对孔子的才能更加赞赏,他明白,孔子的确是一个不可多得的人才。

后来,孔子凭借广博的学识和才干,就任了鲁国的大司寇。

在季孙氏家里服务期间,孔子一面做好本职工作,一面也不时接手一些襄礼的事情,以便赚些酬金补贴家用。同时更加孜孜不倦地学习。

他越学越感到不满足,越学越感到自己与中国文化结下了不解之缘。他珍视每一个学习的机会,随时注意向遇到的任何一个学识渊博或有一技之长的人请教。

创办私学惠及民众

公元前530年初夏，孔子为父母扫墓之后下山回家。刚走到山脚下，一位迎面而来的少年突然抱拳施礼道："仲尼大哥，您好！"

"你是？"

"您不认识我了？我们还在一块儿放过羊呢！那时，我10岁，您16岁，您今年22岁了，对吗？"

"我想起来了，你是子晰，长这么高了！"

"仲尼大哥，我父亲让我拜您为师，向您学习。"

孔子第一次被别人称为"师"，感到有点儿难为情，他忙说："我自己知识很有限，怎能为人之师？"

"您是怕我笨，还是嫌我穷？"

"不！我怕教不好，耽误你的前程。"

"我都不怕，您怕什么？"

"我确有将来设坛讲学的想法，到那时，可以先收你做学生。不过，目前我还得当乘田吏。"

"老师，请受弟子一拜！"曾点当场来了一个五体投地。

孔子无奈，只好答应了。

一天，曾点约颜路一起去见孔子。见到孔子，颜路、曾点一起施礼道："老师好！"

曾点说："他叫颜路，与我同岁，今年17岁，人品好，很聪明，是我的好朋友。他诚心拜您为师，您一定不要推辞呀！"

孔子把客人让进堂屋，说："曾点，我不是对你说过吗，这几年，我要多学习，不能收徒。日后设坛讲学时，才能考虑收徒之事。"

颜路忙说："我愿留在您身旁，听取教诲。待您设坛时，正式拜师，恳请恩准。我和曾点商议好了，我们俩做您最早的弟子，不仅如此，将来还要让儿子也做您的学生呢！"

孔子拉起颜路，高兴地说："你和曾点一样，可以先留在我身边，先当个非正式学生吧！"

公元前522年的大年初一上午，曾点、颜路一同前来给孔子夫妇拜年。曾点说："夫子现在30岁了吧？您在治学、做人、为政等方面已奠定了坚实的德业基础。您平时所说'三十而立'，可以说已经实现了。"

颜路接过话茬说："办学校吧！把知识传授给青年人，光宗耀祖，为国效力，这不比做官更好吗？"

孔子告诉他们："我曾经向上卿大夫孟僖子说过办私学的想法。"

话音未落，一位官差进门通报："上卿大夫孟僖子的长子孟孙何和孟懿子带着弟弟南宫敬叔来给夫子拜年！"

孔子连忙请兄弟两人上坐，说："两位光临寒舍，蓬荜生辉呀！"

孟懿子说："我父亲让我们兄弟拜夫子为师，请夫子快办学吧！"

"对，对！请夫子快办学吧！"曾点、颜路也一致提出要求。

孔子问道："历来的学校都是官办的，官方能允许私人办学吗？"

孟懿子说："我父亲重病前看得明白，鲁都的官学死气沉沉，不出人才。他已面奏国君批准，允许夫子办私学，传道授业。我会遵从父命，尽力帮助夫子办学。"

说着，孟懿子从怀中取出了国君诏书。这是一份具有深远意义的诏书，它标志着中国从此便开启了私人办学的大门。

在中国，从夏朝、商朝、西周到春秋长达1500年左右的奴隶社会里，实行的是"学在王宫"的教育制度。这种教育制度在长期的奴隶社会里培养了奴隶主贵族专政所需要的各类人才，传播了文化科学知识，对社会的发展起到了促进作用。

然而，这种教育制度的弊病也是十分明显的。它具有鲜明的等级性，规定只有贵族子弟享有充分受教育的权利，平民子弟享有受初级教育的权利，完全剥夺了广大奴隶受教育的权利。

同时，它传授的知识也仅仅局限于贵族管理国家和统治百姓的方法、手段与经验。

随着历史的发展，这种封闭的、由少数人垄断的教育制度越来越不适应社会各阶层日益增长的文化需要，也不利于劳动者素质的提高。

到了春秋后期，随着王室的衰微和地方诸侯国力量的增强，特别是农业、手工业、商业的发展和各地经济文化交流的日趋频繁，社会对各级各类人才的需求大量增加，再加上王室的礼乐官员流散民间，打破原有教育制度的条件已经日渐成熟。

鲁国国君同意办私学，就是在这样的背景下实施起来的。公元前522年，鲁都的百姓增加了新的话题，人们纷纷议论起孔子决定办私学这件事。

有的说："仲尼讲仁重德，能够取信学子，凝聚人心！"

有的说："仲尼熟知周礼，注重仁义，为人师表，堪称师范！"

不久，十多个前来求学的青少年带着行李衣物和学费搬进了孔门。孔子把学堂暂时设在家里,他要求弟子们"近者走读,远者投亲靠友、找同学帮忙,就近分散食宿"。

"一年交多少学费呀?"有的弟子问。

孔子回答:"现在是试着办学,暂不收取学费。"

"老师不能白教我们呀!还是规定一个收徒条件吧!"

孔子说:"等到筑坛建堂完毕之日,就正式开学,那时再收学费吧!"

这年夏天,孔子在阙里的街西边筑起了杏坛,建成了民间的第一所学堂。这一天,孔子穿着一身崭新的儒服,缓步走到杏坛中间,郑重地注视着大家。

司仪郑重地宣布:"今天是开学典礼,隆重举行孔门弟子的拜师仪式。

"弟子们在坛下排队,按序逐一登坛报名登记,交学费,通报简况,行拜师礼,聆听老师教诲。现在,拜师仪式开始,鸣炮奏乐。"

孔子当时的办学基本方针是"有教无类",即招生对象不分贫富贵贱和民族国别,一律同等对待。

这个方针适应了春秋时期文化下移的潮流,突破了以前贵族教育体制在出身、国别、族别等诸多方面的限制,迎合了广大平民和被解放奴隶渴求受教育的愿望,因而受到了上至达官贵族、下至平民百姓的普遍欢迎。

孔子在办学的同时,不忘加强自身修养和学识,广泛吸取他人思想中的精华,孜孜以求,孜孜不倦。

孔子幼年曾受老子的教导,人到中年仍是一心想向老子学习。于是,他带着颜回、子路等几个弟子到了洛阳。他们等了数日,终于见到了老子。

一大早，老子便把孔子一行几人引入大堂。待入座之后，孔子开始说明来意："丘曾受先生指点，又极仰慕先生的学问，这次特带愚徒几人前来拜谒。请问先生近来修道进展得怎么样了？"

孔子几人正准备洗耳恭听，不料，老子却张嘴大笑道："你们看我这些牙齿怎么样？"

孔子师徒莫名其妙地看了看老子的牙齿——七零八落，早已参差不全了。于是，他们摇了摇头，谁也不明白老子的意图。

老子又伸出了自己的舌头问："那么，我这舌头呢？"

孔子师徒又仔细看了看老子的舌头，这时孔子眼前灵光乍现，微笑着答道："先生学识渊博，果然是名不虚传！"

这时老子才说："想必你已经清楚我修道达到什么程度了吧？"

孔子会心地点了点头说："如醍醐灌顶，方才大悟呀！"

午后，师徒几人便辞别老子，起身返回鲁国。途中，孔子如获至宝，喜悦极了。弟子子路却疑云重重，不得释然。

颜回问其何故，子路说："我们大老远跑到洛阳，原本想求学于老子，没想到他什么也不肯教给我们，只让看了看他的嘴巴，这也太无礼了吧？"

孔子听后捧髯大笑。

颜回答道："我们这次来不枉此行，老子先生传授了我们别处学不来的大智慧。"

"什么大智慧？"子路问。

"他张开嘴让我们看他牙齿，意在告诉我们：牙齿虽硬，但是上下碰磨久了，也难免残缺不全；他又让我们看他舌头，意思是说：舌头虽软，但能以柔克刚，所以至今完整无缺。"

子路听后恍然大悟。

颜回继续道："这恰如征途中的流水虽然柔软，但面对当道的山石，它却能穿山破石，最终把山石都抛在身后；穿行的风虽然虚无，但它发起脾气来，也能撼倒大树，把它连根拔起……"

孔子听后大加赞许："颜回果然能窥一斑而知全豹，闻一言而通万理呀！"

孔子的一生从事教育事业达40多年之久，学生众多。据史料记载，他有弟子3000多人，其中才华出众、品德优良者72人。他的学生遍布当时的许多个诸侯国，多数来自鲁国、卫国、齐国、秦国、陈国、宋国、晋国、楚国、吴国、蔡国、燕国等。

孔子开办私学，特别注意在教学内容方面进行大胆改革和开拓创新，除了继续传授贵族和平民学校规定的礼、乐、射、御、书、数"六艺"的内容外，还增加了许多新的教学内容。孔子将这些内容概括为文、行、忠、信4个方面。

孔子所说的文，就是指文化课。孔子初期办学开设的主要课程是《诗》《书》《礼》《乐》等，加上晚年增开的《易》和《春秋》等课程。他的文化课教学的内容已发展为以后汉朝人概括的新"六艺"，即《诗》《书》《礼》《易》《乐》和《春秋》。

孔子特别提高《诗》在各科课程中所占有的地位。诗歌是一门文学课程，孔子第一次比较全面地论述了它的社会功能。

《书》又称《尚书》，分《夏书》《商书》《周书》等，是春秋以前的政治文献和历史传说。这些文献虽然在孔子以前的官学中已在传授，但仅仅是作为文字课。

孔子首次将这些散乱的文字合成一部书，把它作为系统的历史教材向学生传授，要求学生通过对以往历史的学习和研究，鉴古知今，总结社会经验，吸取思想营养，提高自己的政治智慧和从政能力。

《礼》和《乐》虽然是孔子以前学校教育的传统课程，但是，以前对《礼》《乐》的传授，重视的是典礼仪规和与诗结合在一起的具体乐曲。

孔子承袭《礼》《乐》，并作为教学内容，除了继续重视其固定的有形内容外，更着力开拓和丰富《礼》《乐》的内涵。

孔子挖掘蕴藏在《礼》中的亲亲、尊尊以及人与人之间互敬互让的伦理道德内容，弘扬《乐》中陶冶性情的审美作用，从而把《礼》《乐》教育提高到一个更高的教育层次。

教育思想被广泛认可

公元前522年夏，孔子的私学正办得热火朝天，几十名学生热情地学习"六艺"。杏坛的声望在鲁国也越来越高。这一切，无形之中对季武子形成了强烈的冲击和挑战。

一天，季武子对身边的亲信少正卯说："国君和孟僖子都支持仲尼办私学，我担心有一天，一旦孔门弟子形成了政治势力，会有损于我的前程。"

听了季武子的一番话，少正卯心领神会，也开始设坛讲学。这个消息传开后，孔子明知道少正卯有意与自己竞争，却泰然处之。他一如既往地给学生讲授"六艺"的知识，同时不忘经常强调做学问的态度。

他认为：学习要从人生的经验中去体会，不能死读书或者读死书；学习，要经常实习；学习与做人是一回事，人不可能没有毛病，发现过错及时改正，才是真学问、真道德；我把学生叫作弟子，敬称为弟，爱称为子，咱们互相尊重，教学相长。

少正卯故意在杏坛南边不太远的地方开建学堂设教坛，工程完毕，取名为卯坛。少正卯对着杏坛，大声宣称："我少正卯是鲁国大夫，办的是官学，所有的学生一律免交学费。"

少正卯的规定一宣布，卯坛里很快就涌进了不少学生，孔门弟子中也有一些转移到卯坛去学习。

然而，这些事情的发生，对孔子没有造成任何心理影响。他并不因为自己学生数量的减少而失望，继续按部就班地教学。同时，他反复地给学生讲解做人的道理。

他曾经这样对学生说："作为学生，学习的目的是为了做事。要把事做好，必须认识到做人的关键是培养君子之德，重视现实人生中的为人处世；能安贫乐道，生活不奢侈，不贪图安逸；培养高尚的道德，追求人格、精神纯正；敏于事，讷于言，慎于行；时刻注意向修养高的人请教。这样做，就可以说是从主要方面学会了做人，也是学习好学业的重要方面。"

孔子的教导，使弟子们更加安心地读书学习了。而卯坛的弟子们则互争高低，攀比家境，乱哄哄一团糟。

后来，杏坛原来离去的学生陆续返回来继续学习，不仅如此，也有一些卯坛的学生被陆续吸引过来。

少正卯看到此种情形，气愤至极，便利用自己是季武子手下的地位和影响，施展开游说的能力，居然亲自登门去拉拢孟懿子。

他对孟懿子说："恭请您到我学堂就读并担当第一弟子，这有利于密切你与季孙相国的关系。您投在一个布衣门下，有何好处？"

孟懿子答道："我们孟氏兄弟做孔门弟子是父亲的心愿。少正大夫虽然文才冠国，我兄弟也不能做你的弟子了，还请您多多见谅！"

吃了闭门羹的少正卯哪里咽得下这口气，他又派了几个得力的弟子到孔门弟子的住处去游说拉拢。结果，第二天开课的时候，杏坛又少了一些学生。

对于此事，孔子的情绪并没有波动，反而坦然地说："人各有志，择师随意，来去自便。思辨自主，去返不责。"

孔子仍然按照既定计划传授"六艺"。

孔子一边教学一边针对期间发现的问题，给学生以及时的指点。有一次，他针对某些学生存在的做官的念头，加强了官德教育。

他说："学习好的可以做官，做官很重要的一条，是必须要具备官德，用良好的官德来处理政治，就像天上的北极星一样有吸引力，满天星星都会围绕它来运行。"

"做官，必须思想不走邪路，温柔敦厚、轻松愉快地为政，首先自己公正，才能政令畅通，其身正不令而行，其身不正虽令不从。"

弟子们赞扬道："老师讲的为政之道真是透彻，以后如果步入仕途，弟子一定按照老师的教导去做。"

少正卯在难以稳定卯坛的情况下，又去找季武子的另一个重要家臣阳货商议对策。

少正卯忧心忡忡地说："如今杏坛日渐兴盛，而我卯坛却日渐衰微。长此下去，该怎么办啊？不知阳货兄你有没有好办法？"

阳货说："孔丘早就是我的眼中钉肉中刺了，我一定帮助少正大夫挤垮杏坛。"

"那可太好了，我真是感激涕零啊！"少正卯说完，辞别了阳货，高高兴兴地回到了卯坛等候消息。

第二天，傲慢粗鲁的阳货径直来到了杏坛，对着杏坛里面正在学习的学生们高声喊叫："杏坛上的弟子们听着，我阳货现在正式做了少正大夫的第一弟子！少正大夫的文才在鲁国当数第一，他既做官又做老师，他办的是官学，隶属季孙相国。

"你们要知道，这样的官学培训的学生做官容易！想入仕途的，都来做少正大夫的学生吧！季孙相国能赐给你们官做！我也会推荐你们做官！"

由于阳货的鼓动非常具有诱惑力，一些动机不纯的学生听到阳货此番说辞，就又回到卯坛去了。

孔门的弟子们开始愤怒地议论开来。

孔子示意学生不要生气，他心平气和地对学生说："学生跟谁学习都一样，我不在乎弟子多少。但是，我主张学生自觉提高辨别能力，端正治学态度，就能成为国家的有用人才。"

有一次，楚国的某县尹问孔子弟子，请他谈谈对孔子的看法。弟子木讷小心，一言不发，县尹只得怏怏而回。

孔子得知此事后，很不高兴。他埋怨道："你为什么不说，'我的老师是个发愤忘食、乐而忘忧的好学之人'啊！"

弟子一听马上明白，遂感惭愧，道："老师圣明，请原谅学生一时糊涂。现在我终于明白了：今后如果有人再问我，我必遵从老师的教诲回答他。"

孔子一听，心里感到格外快慰，欣然笑道："好，好，好！"

俗话说，酒香不怕巷子深，可是有时候，适当的宣传则更能达到理想的效果。

后来，孔子的杏坛得到了巩固发展，卯坛以散伙而告终。这些无不与孔子教法得当，并适时地宣传自己有着密切关系。

孔子从17岁参加飨士宴被阳货无理拒绝，到34岁时受到鲁国贵族的瞩目，17年的奋斗，终于使上流社会承认了他的价值。

在当时鲁国的法律中，有这样一条规定：如果有人将在其他诸侯国做女奴的鲁国女子赎回本国，那么，这个人就可以到官府去领取赏金。

有一次，子贡在一个诸侯国赎回了一个鲁国人，却辞谢了官府的赏金。孔子听说了这件事,就对子贡说:"端木赐(字子贡)呀!你这件事就做错了。圣人做事可以移风易俗,可以让人效法,可以影响后代,而不会只是为了适合自己的兴致。"

孔子沉吟片刻,接着说道:"现在鲁国富裕的人少,贫穷的人多。如果赎人回去领赏金被认为是不廉洁,那没有赏金的刺激,愿去赎人的人就会减少。所以,你这种仅仅只考虑自己德行修养的行为,将会造成今后鲁国人不再愿到其他诸侯国去赎人。"

子路在一边听了老师此番教导,深受启发。后来,当他救了一位落水者时,别人要送他一头牛来答谢,子路就很恭敬地接受了。孔子知道了此事,欣喜地说:"今后愿救人于危难之中的鲁国人,会更多了。"

不久,子路被任命为蒲城的官长。为了防备水灾,官府调集民工,整修各处沟渠。

子路见大家工作劳苦,带的饭菜也不充足,就用自己的部分薪水,接济每人一份饭菜、一份汤水。

孔子闻知此事,连忙派子贡去掀了那些饭菜,毁了那些做饮食的器具。子路发现了,非常气愤。

他气哼哼地跑到孔子那里叫道:"老师难道会嫉妒我行仁义之事吗?子路在老师这里所学的,不过'仁义'二字而已。仁义之人,与天下共享所有,共取所利。如今,仲由将自己多余的粮食与大家分享,行仁义之道,老师为何禁止不许呢?我想不通!"

孔子听完子路的诉说,摇着头道:"仲由(字子路)呀!你还是那么粗野,那么处事单纯。你如果觉得民工们饮食不足,为什么不去告诉国君呢?让国君开粮仓去接济他们呀?"

见子路一言不发,孔子接着说道:"你用私人的俸禄行公义,这种行为,是在障蔽国君的恩泽,显示你自己的德义。现在停止,或许还不算晚，否则，降罪你的日子，马上就会来到。"

子路闻此，无语而退。

果然，不久相府派人来找孔子说："先生派弟子救济民工，是不是要跟国君争夺百姓呀？"

孔子见此情形，知道解释已没什么用了。于是，便带着弟子离开了鲁国。

按品行专长因材施教

由于孔子注重因材施教，鼓励学生自由发展，所以孔门弟子中一开始就有不少甘于寂寞，安于贫贱，不慕仕途，一生拒绝从政，专心一意从事文化教育事业的人物，如颜回、漆雕开、闵子骞等。

作为老师，即使到年老体衰之时，孔子也没有丝毫的懈怠。

在孔子众多的弟子中有一个人名字叫卜商，字子夏。他是一个勤于思考、刻苦好学的人。

有一天，他又虚心地请教孔子有关他的一些同学们的修养情况。他恭敬地向老师深施一礼，然后问道："老师，您认为颜回同学的为人怎么样？"

孔子沉吟片刻，答道："颜回的仁爱之心比我要好。"

"那么，子贡同学呢？"子夏接着问。

"他呀！他的辩才比我好。"孔子笑着说。

"那子路，子路同学呢？"子夏又接着问。

孔子开心地笑着说："要单说勇武精神，我们可是都不如他。"

"那么，子张同学呢？子张难道也有超过老师的地方吗？"子夏满脸狐疑，感觉自己是越问越糊涂了。

孔子停顿了一下，耐心地回答："颛孙师（字子张）啊，他为人处世庄重而严谨的作风，比我这个做老师的要强。"

子夏听到了这里，禁不住站起身来。他鞠躬作揖地问道："老师，这我就不明白了。既然那4名同学都有超过老师的地方，那么为什么他们还要师从于老师您，前来学习呢？"

孔子看见眼前的子夏如此心急地起身询问，和蔼地说："卜商！你先别着急，先坐下，听我慢慢跟你说。"

孔子边说边用手向下按了按子夏："颜回虽然很仁慈，但是有时候，他却表现出过分的仁慈来，这样就导致他产生了不忍之心，使他变得一味地迁就于别人，从而影响了自己对整个事态作出正确的决断，如果是这样，这份仁慈之心反而是害了别人。所以说，他虽能仁，却不能忍。"

子夏虚心地听着。

孔子接着说："至于端木赐，在你的同学当中，他的口才的确是很好的，可以说是辩才无碍，比其他的同学更能精通语言的巧妙运用。但他没有认识到，语言也有它的局限，也就不懂得沉默的力量了。所以，他是能辩却不能讷。"

"关于子路呢？"

孔子继续说："仲由他这人英勇过人，凡事敢想敢做，敢作敢为，敢为敢当，的确是个不可多得的将才。但是有时却不懂得谦虚退让，适时妥协，持弱守雌，蓄势而动。以这样的性格处世，难免会因一时的意气而误了大事。所以说，他能勇，而不能怯。"

"而颛孙师呢，"孔子说到这里略微停了停，接着说，"他为人处世显得过于庄重和严谨，以至于清不容物。不能和煦接众，不能容纳有污行的人，让人见之生畏，敬而远之。正所谓'水至清则无鱼，人至察则无徒'。所以，他能庄，却不能谐。"

"因此,"孔子最后总结道,"如果将这4名同学的长处全都加起来,来对换我的修养的话,我也是不愿意的。这就是为什么他们要一心一意地投奔于我,跟我学习的原因。"

孔子看到在自己创办的学校里,旧的弟子不断走出去,新的弟子不断走进来,人类的知识就在这种推陈出新中得到丰富、更新、发展,一种崇高的责任感使他更加认真地向弟子们传授知识和人生经验。

同时,他也从弟子们的身上受到启发和鼓舞,体会到教学相长是不可移易的真理。

一天早晨,子贡正在打扫庭院。不知什么时候,来了一个陌生人。此人一副自以为是的样子,上前便问道:"你是孔子的学生吗?"

子贡答道:"是的。有何见教?"

"我听说孔子是一位名师,你一定是他的高徒吧?"

"惭愧!"子贡答道,"有话请你直说吧!"

"我想请教你一个问题,可以吗?"那人问。

"当然可以了。"子贡不解地问,心里琢磨,这个人是不是专门来找麻烦的?

"但是,我可有一个条件。假如我问你的问题你回答得对,我就冲你磕3个响头;假如你回答得不对,你就应该向我磕3个响头。你觉得怎么样啊?"

子贡闻听此言,知此人来者不善,但仍痛快地答应了。

"其实嘛,我的问题一点儿不难。就是想请教你一下,一年之中有几个季节?"

"4个季节。"子贡不假思索地答道。

"不对!一年之中只有3个季节。"

"4个季节。"

"3个季节。"

两个人都毫无退让的意思,就开始争辩起来。正在这时,孔子听见外面的争吵声,走了出来。子贡见老师来了,上前说明事情的原委,想让老师评判一下。

岂料,孔子对子贡说道:"一年中的确只有3个季节,你输了。给人家磕响头去吧!"

那人听孔子说完后,拍掌大笑道:"快磕3个响头来!"

子贡是丈二和尚摸不着头脑。但既然老师都这么说了,只能认输了。没办法,他只好给陌生人磕了3个响头。

来人喜不自胜,大笑着离开了。那人走后,子贡赶紧请教师父:"老师,这跟你教我的不一样啊,一年之中的确有4个季节啊!"

"我平日里说你愚钝,你还不服气。你看此人一身绿衣,和你争论时一口咬定一年只有3个季节。他分明就是个蚱蜢。只有蚱蜢是春生秋亡,一生之中只经历春夏秋3个季节,从未见过冬天。所以呀,在他的思维里,根本就没有冬季这一概念。

"你跟这个人就是争上一年半载也不会有结果的。你要是不顺着他说,他能这么快就走吗?你虽然上了个小当,但却学到了莫大的一个乖。"

孔子说完,挥袖而去,留下年轻的子贡茫然地站在那里。

一次,赵国国君赵襄子,率领10万多人,在中山国一带打猎。所到之处,草木践踏,山林焚烧;方圆百里,人声鼎沸,烟火飞扬。

这时,忽见一人从石壁中走出,并随着烟火,徐徐上下。众人见了,都以为遇到鬼怪。火蔓延到别处,见他又从火中慢慢走出,所经过的地方,好像对他没有任何阻碍。

赵襄子见了,觉得很奇怪,便遣人邀他来交谈片刻。

那人悄然来到襄子近旁,如入无人之境。

襄子细细观察，发现他形色七窍像人，气息声音也像人。于是，襄子很恭敬地问道："请问先生，用什么道术，使自己住在石中？用什么道术，让自己站在火中而不被烧？"

只见那人目视远方，漠然答道："什么东西是石？什么东西是火？"

"噫！"襄子有点诧异，"刚才，您出来的地方就是石，您进入的地方就是火呀！"

那人听了，微微低头，看了一下襄子，然后，又抬头继续漠视远方，过了一会儿，回道："不知道！"随后飘然而去。

魏文侯听说了这件事，便问孔子的弟子子夏说："那是一个怎么样的人呀？"

子夏回文侯道："我从老师那里听来的言教来分析，那个人，大概是一个已经心物融通的仙者。这样的人，外物不能伤，游于金石，蹈于水火，也都无所阻碍。"

"哦！那你为什么不这样呢？"文侯笑着问。

子夏摇头，说："这要净心欲、绝智思才可以呢！我哪里能做得到？不过说说道理而已。"

"那你们的老师，为什么也不这样呢？"文侯好奇地问。

"我们的老师啊，他是属于能做得到而不去做的人。"子夏欣悦地答道。

"这又是为什么呢？"文侯不禁追问。

看着有点急切的文侯，子夏笑着说："老师是为了我们呀。想想看，如果老师也像那位仙者一样，一问三不知，那么，一旦我们有什么疑问，有什么危难，要怎么办呢？"

文侯听到这里，非常高兴。

又有一次，子夏问孔子："《诗》中讲甜蜜的笑容清俊可爱，美丽的双目透彻明亮，白皙的面庞再打扮一番更衬出华丽姿色，是指什么呢？"

孔子说："这说明作画要在打好白底之后。"

子夏由此联想到仁与礼的关系，又问："那么礼也在仁之后吗？"因为子夏理解了外表的礼仪与内在的仁德的统一。

孔子听了十分高兴地说："能启发我的思想的人就是卜商啊！现在可以和你谈论《诗》了。"

孔子相信年轻人可以超过老年人，相信将来胜过现在。

他感叹道："年轻人是值得敬畏的，怎么能断定他们将来不如现在的人呢！如果到了四五十岁仍未成名，也就不足畏惧了。"

另一方面，他也不忽视年轻人的幼稚、欠成熟，想问题、办事情简单草率等缺点，针对每个人的具体情况，给予劝诫、指导。

有一次，子贡问孔子："颛孙师和卜商，哪一个强些？"

仲尼说："颛孙师有些过分，卜商却有些不够。"

子贡又问："那么是不是颛孙师强一些呢？"

孔子说："过分了就像不够一样。"孔子显然认为两者都不够成熟，做事情还不能掌握恰到好处的火候。

子夏做了莒父地方的行政长官后，仍向孔子请教管理行政的方法。

冉有曾告诉过孔子："不是不喜欢你讲的道理，就是实行起来力量够不上呢！"

孔子说："力量够不上的，走一半路，歇下来，也还罢了；可是你现在根本没想走！"

这就是冉有的情形。子路则不是像他这样，子路是个痛快之人，孔子曾说子路三言两语就能断明一个案子。

有一次，孔子开玩笑地说："我的理想在鲁国不能实现的话，我只好坐上车到其他国家去,大概首先愿意跟着我的准是仲由了。"

子路当了真,便欢喜起来。孔子却申斥道:"仲由比我勇敢,可是再也没有什么可取的了!"这就是针对子路的脾气。

孔子对他们所说的话,都是对症下药。在鲁国,另有一位君子,名叫漆雕马人。他曾侍奉臧文仲、武仲、孺子容这一家三代鲁国大夫。

孔子问漆雕马人道:"先生曾侍奉过臧氏一家三位做大夫的。您可不可以说说,他们当中哪个更贤明一些呢?"

漆雕马人回道:"臧氏家族有一块很名贵的龟壳叫'蔡'。每当他们遇有什么大事无法定夺的时候,就会用'蔡'来占卜决疑。在文仲主事时期,3年之内,只用'蔡'占卜过一次。而在武仲主事时期,3年之内,用'蔡'占卜过两次。孺子容主事时期,3年之内,用'蔡'占卜过3次。这些都是我亲眼看到的。至于这3位大夫,他们之中谁最贤明,马人我就不知道了。"

孔子听完笑着说:"先生可真会说话!"

孔子回到家里后,闲聊时跟弟子们谈及此事时,赞叹不已地说:"马人先生可真是一位君子呀!"

弟子们忙问:"从哪里看出来的呢?"

孔子说:"他不愿在别人面前议论主人的贤愚,但却很巧妙地举了一个实例,将事情的真相表露无遗。他的意思是说:一个人,因智识无力察远,德慧无足见机,所以才要一而再,再而三地去问卜。"

孔子喝了一口茶,接着说:"而古人云:善易者不卜。也就是说,一个真通易道,真有智慧的人,不用卜卦,也能直觉洞悉事物变化的规律。"

孔子北游农山时,随从的弟子有子路、子贡、子渊(颜回字子渊）3人。

当他们来到山顶时，孔子极目远眺，喟然感叹道："登高望远，见天地之悠悠，难免会引发千古之幽思。此情此景，同学们，为什么不在此说一说各自的志向，让我听听呢？"

子路见老师说得如此感慨，便率先回答道："仲由不才，诚愿有那么一天，遇到这样的场景：战场上，旌旗飞扬，席卷大地；战鼓钟声，响彻云天。白羽箭，如月光倾洒；赤羽箭，如日光飞动。此时，唯有我仲由，能率领千军万马，驰骋沙场，英勇驱敌，一鼓作气，夺回千里失地。而子贡与子渊这两位同学，届时可作为我的随从高参。"

听了子路的一番豪言壮语后，孔子点评道："壮哉！勇士，一个奋不顾身的雄杰。"

子贡望了望踌躇满志的子路，只是笑了笑，然后他轻步上前，哂然说道："赐不才，但愿有一天，见齐国与楚国合战于苍莽原野，正当两军对垒，实力相当，旌旗相望，战尘相接，千钧一发之际，我挺身而出，身着白袍白冠，从容游说于铁骑白刃之间，不费一兵一卒，顿解两国纷争。此时，子路与子渊两位同学，可为我临阵助势。"

"俊哉！辩士，一个神貌若仙的英才。"孔子点头称赞。

子渊听完子路、子贡的述说，站在后面，继续静默无语。孔子见此，便对他说："颜回！过来。你难道就没有理想可说吗？"

子渊这才走近老师，回道："文事、武功，两位同学都已说得很好了。我哪里够资格参与其中？"

"不是吧？"孔子笑着道，"你似乎对他们不敢恭维。但说无妨！"

子渊沉吟了一会儿，说道："我听说，咸鱼与兰花是不能放在同一个筐子里收藏的。尧舜与桀纣，也是不可能在同一个国家里共理政事的。两位同学的志愿，与回的理想是有差异的。"

子渊接着说："我只是希望：自己能在一个小国家，辅佐一位圣明的君主。使君主在上，可道应天下；使臣子们在下，能德化群生。百姓讲信修睦，人民安居乐业；兵器铸为农具，城池复为良田；怀恩近邻，柔接远方；周边各国，无不感召德义，寝兵休战；天下从此无斗战之患。如果能有这么一天，那么，又有什么苦难，需要子路同学，去冒死拯救？那么，又有什么战难需要子贡同学去劳思化解呢？"子渊说话时一副信心十足的样子。

"美哉！大士。"颜回的一番话，令孔子嗟叹不已。

大家听子渊说完自己的宏伟目标，子路急忙举手问道："请问先生，您的志愿，又是如何呢？"

孔子回道："唯愿颜回得志！那时，我将背着行李典籍，跟从颜回这孩子。"

循循善诱的孔子，使弟子们在潜移默化中不断地增长了知识，提高了素养，增强了才干。

孔子无论是在鲁国专门执教的岁月，还是在官府政务繁忙的时期，或是在周游列国的日子里，都没有中断过教学活动。来自天南海北，不同出身、不同年龄层次的弟子，一批批地出入他的门下。

孔子从教40年，培养出大批政治、外交和军事方面的人才以及许多学识渊博、才华出众的学者，学生们在继承和发展儒家学说方面发挥了承前启后的重要作用。

孔子曾经按品行和专长对他的学生进行分类，举出每一类的佼佼者。其中品行高洁者以颜回、闵子骞、冉伯牛、仲弓为代表；表达力强以宰予、子贡为代表；擅长政事者以冉有、子路为代表；在学问研究方面以子游、子夏为代表。这就是一般人所说的"孔门十哲"。

他的学生大都受他的思想理论、德行和爱好的熏陶,与孔子的政治倾向基本一致。

早年的孔子,热衷仕途,强烈渴望通过仕进实践自己的政治理想。他这一时期的学生也大都热衷做官从政,并出了一批行政干才,如子路任职卫国,冉有任季氏宰,子贡任鲁国外交官,宓子贱任单父宰,冉雍任季氏宰等。

孔子回到鲁国后,对仕途已经淡漠。他把主要精力用于整理古代文献。他这一时期的学生绝大部分成了学者。

如子游虽曾任武城宰,子夏曾任莒父宰,但他们更重视对孔子学说的研究与阐发。子夏精通乐理,后来在西河聚徒讲学,被魏文侯聘为老师,为传播"六艺"作出了重要贡献。

这年夏天,子夏被派到一个叫莒父,即现在的山东省莒县境内的地方去任父宰。临行之前,他专门去拜望了恩师孔子,孔子十分热情地接待了子夏。

子夏请教道:"请问老师,怎样才能治理好一个地方呢?"孔子说道:"治理一个地方,是一件十分复杂的事。可是,只要抓住了根本,也就自然很简单了。"

孔子向子夏交代了应注意的一些事项后,又再三嘱咐说:"无欲速,无见小利。欲速,则不达国;见小利,则大事不成。"

这段话的意思是说:做事不要单纯地追求速度,不要贪图小利。假如只是单纯地追求速度,而不讲求实际效果,反而会达不到目的;假如只顾着眼前的小小利益,而不讲长远利益,那就什么大事也做不成。

子夏说:"老师的教导,弟子一定会铭记在心,不辜负老师的期望!"

然后,子夏就告别孔子到地方上任去了。后来,"欲速则不达"

就作为一则谚语被广泛流传下来，直至今天，仍经常被人们用来说明做事过于性急图快，反而适得其反，不能达到目的。

弟子子游熟悉文献，对传播孔子"礼"的理论贡献较多。有若对孔子的仁、礼思想有新的阐述与发展，曾参对孔子的"忠恕"观念加以发展。

年龄最小的子张更是后来居上，在孔子之后成为儒家八派的领袖之一。

相貌丑陋的澹台灭明开始时被孔子看不起。后来，孔子发现他是一位行为端正、讲究原则、深沉内秀的人物。澹台灭明南游楚国，讲学汉江，有弟子300人，为儒学向南方的发展立下了不世之功。

在教育上，孔子顺应了当时文化下移的时代潮流，掌握了教学的规律，形成一套行之有效的教学方法，更因为他以高度的社会责任感，对教育倾注了自己的全部力量和感情，因而取得了辉煌的成功。

教育学生为人处世

子路比孔子小8岁，在孔门的弟子中，他是老大哥。子路年轻时是个游手好闲之徒。他起初去见孔子，并不是想修道求学，而是存心跟孔子开玩笑。

当初子路见到孔子后，很不谦虚地说："我天生就像一根笔直的竹竿，完全可以做一支好箭。还要读书干什么！"

孔子耐心地开导他说："只有读书，才会有学问。这就好比在竹箭尾部装上漂亮的羽毛，在前面又装上锋利的金属头，这样的话，箭就更加实用了。"

子路听了孔子的话，仔细思考，觉得的确有几分道理，就拜了孔子为老师。在学识方面，子路的成绩并不算很好，但在行动方面，他是孔子的弟子中表现较为良好的一个。

子路曾问孔子："怎样才能被称为君子？"

孔子说："待人亲切、谈吐和悦，就可以称为君子。"

子路问："君子最重视的是勇吗？"

孔子说："君子首先应该重视义。君子如果有勇无义，必定会坏了大事；小人如果有勇无义，必定沦为盗贼。"这是针对子路品性上的缺点而言的。

一天，子路坐在屋内弹琴。他的性格本来就是刚正不阿，出奇的勇敢，他弹出的曲调也像在战场上厮杀打仗一样充满着杀气。孔子在另一个房间里听到了这琴声，猜测说："那弹琴的是仲由吧？"

冉求答道："是的，老师怎么知道是他？"

孔子说："听琴声就能知道。这琴声含有暴躁的音调，正代表着仲由的个性。"

孔子是主张"仁"和"中庸之道"的，自然觉得这声音不和谐，便不满意地对冉求说："他为什么要在我家里弹琴呢？"

弟子们听了老师这样一说，琢磨出这是老师对子路弹琴作的不好的评论，对子路的看法顿时有了改变，言语中就有些不尊敬。

孔子得知此事后，就对大家解释说："仲由弹琴的本领已经登上厅堂了，但尚未进入内室。他已经有了一定的成就，只是没有达到高深的境地。"

这也是后来"登堂入室"这一成语的由来。

关于"仁"的问题，有人拿一件事前来请教孔子。那是早在孔子时代之前发生的事了。从前陈灵公和臣下的妻子发生了不正当的关系，有一位名叫泄冶的人向陈灵公进谏，结果被杀。

有人问孔子："泄冶进谏灵公被杀的故事，和殷朝名臣比干进谏纣王被杀的事是一样的，这就是仁吧？"

孔子却摇摇头说："不，不是仁，是白死。"

那人问为什么，孔子说："比干是纣王的亲戚，地位显要，所以其身虽死，仍具有使纣王改邪归正的力量。"

"而泄冶呢？他既不是灵公的亲戚，地位又不显要，人微言轻，他的谏言不能生效，这是很明显的事。在这种情况下，最好是干脆退身求去，免得招来杀身之祸。"孔子接着说。

在一旁的子路觉得孔子这种说法很勉强，就插嘴说："老师，就算泄冶之死不是仁，但能不顾自己的生命以求正国乱，这是值得赞赏的行为，怎么能说是白死呢？"

孔子说道："你只注意到那种小义，忽略了深远的大义。从前的君子是在国家有道时就为国尽力，如果无道就干脆罢官引退。盲目地干下去，是不对的；应该看情形而定，该进则进，不该进则退。"

子路还是不解，又问："那么，老师，天下最重要的事，难道就是谋一己的安全吗？个人的安全比天下的安泰还重要吗？泄冶如果只顾自己的安危而退下来，这样对泄冶或许是好的，但对陈国的人民则毫无益处。他进谏而被杀，虽然对灵公没有发生效用，但对于人民的精神则有很大的鼓动。"

孔子说："我并不是说保全个人的生命最为重要，如果是的话，我就不会说比干的行为是仁了。我是说，要牺牲生命，也要看地方、看情形、看时候。盲目地去送死，是不值得的。"

子路又说："我还不太了解，我再想想看。"说完，走了出去。

孔子望着子路的背影，感叹地说："好一个刚直的人！照他的性格看，将来一定不会平凡地死去的。"

说起"仁"字，其实是孔子毕生都在追求的目标。也是他人生价值观的最直接体现。孔子无论对待任何人都一视同仁，上至王侯百官，下至普通平民，他都以一颗仁爱之心对待。

有一个双目失明的音乐师，名字叫冕。一天，他前往孔府，拜见孔子。

孔子见其两眼看不见东西，生怕他因此而跌倒，又担心他不熟悉这里的环境，而走错路，乱了方寸。于是，那个音乐师每走一步，孔子都站在旁边耐心地给予指点。毫无半点藐视之意。

当他快要走到台阶的时候。孔子就提前告诉他："这是台阶。"

当他走到屋子里时的席子上时,孔子就提前告诉他:"这是席子。"

等到他安安稳稳地坐下了,孔子又按照礼节,给他介绍屋内的其他人:"某某坐在这里,某某坐在那里。"

音乐师冕向孔子拱手作揖道:"老夫承蒙孔圣人一视同仁,对在下如此厚爱,如此礼遇,幸甚,幸甚!您不愧是当今人人称赞的大圣人,果然名不虚传啊!"

等到那个盲人音乐师起身告辞后,弟子子张便问道:"老师,您这样做不是显得太琐碎了吗?"

孔子说:"接待双目失明的人,就是应该这样子的。你不告诉他走到哪里,面前是什么,他怎么向前行走呢?"

又有一天夜里,孔府的马棚不知为何燃起了熊熊大火。正在熟睡中的弟子被马匹的惊叫声惊醒,起来时,他们看到火光冲天,"糟了!着火了!""快救火啊!"弟子们一个个来不及穿上衣服,就操着各种能盛水的工具去救火了。

马棚里人声喧闹,受惊的马匹发出惊恐的嘶叫。泼水声、马叫声、来回奔跑的脚步声、被烟呛得咳嗽声,一时间响成一片。

过了一会儿,火终于被扑灭了。马棚里还不时地向四周散发着刚被燃烧的灰烬的气息。一个弟子在第一时间报告了孔子马棚失火的事。

孔子听后焦急地问:"伤着人没有?"

"人员并没有大事。"弟子答道。

"那就好,那就好!"孔子如释重负地说。

弟子不解地问:"可是老师,您为什么不问伤着马没有呢?这可是马棚失火啊!"

"马与人哪个重要?"孔子说,"人为要,马为次。"

由此可见，在孔子的内心世界里，是怀着无比的仁慈与大爱的。孔子不仅对人类怀有无比的仁爱，对待动物也是一样仁心满怀。

一个晚上，孔子家养的爱犬不知何故而死，孔子知道后伤心不已。他叫来子贡："陪伴多年的爱犬死了，你去帮我把它埋了吧！"

"老师何必神伤，以后再养一只便是。"子贡宽解道。

孔子说："我听说，破帐子别扔，留着埋马；破车盖儿别扔，留着埋狗。我现在是穷得连车盖儿也没有啊，你就拿我的破席子去把咱们家的狗盖上吧，别叫它露着脑袋！"

孔子就是这样对待人和动物的。他的这种仁德之心，是我们中华民族千百年来一直推崇的。

当孔子第四次到卫国时，卫君和宰相孔叔圉请孔子让子路留下来在卫国做事。子路在卫国的职位是蒲镇的镇长。这个地方的百姓经常反抗政府。子路赴任前，曾向孔子请教，自己也预先作了周详的计划。

3年之后，孔子偶然经过蒲镇，一踏进蒲镇的领土内，就说："仲由很好，态度谨慎又具有诚意。"

走进蒲镇内，孔子又说，"仲由很好，很宽容。"

到了子路的家里时，孔子又说，"仲由很好，明了事理，有决断能力。"

子贡觉得奇怪，便问："请问老师，您还没见到子路，怎么就知道子路有那么多的优点呢？"

孔子说："首先，看到农田欣欣向荣的样子，就知道统治者谨慎而真诚。其次，看到镇上家家繁荣的情况，就知道统治者的宽大，没有忽略人民的生活。最后，看到仲由家里整洁而佣人都很勤劳，可见统治者明白事理，具有决断力。所以虽没见到仲由，也能推想得出来。"

卫国宰相孔叔圉死后,他的儿子孔悝担任宰相,不过实权却握在孔悝的母亲伯姬手里。伯姬是卫君出公的伯母,她打算让逃亡在国外的弟弟复位,所以企图暗中阴谋篡位,把出公赶走。

有一天,有个孔家的要臣急急忙忙跑到子路的家里,报告说:"刚才出公的父亲由国外潜回,和伯姬联合起来威胁孔悝老爷,要孔悝老爷拥戴他复位,这事使老爷左右为难。您看有什么办法可以帮助老爷?情况紧急,我想先保护出公离开这里,以后的事情您想想办法,好吗?"

这人说完就匆匆离开了,保护出公逃出卫国。

子路急忙赶到孔悝家中。正要走进孔家的门口时,他看到子羔由里面出来。子羔也是孔子的弟子,是子路介绍他来卫国做大夫的。子羔说:"内门已经关了。"

子路说:"关了,我也要进去看看。"

子羔说:"看到也没有用,里面乱哄哄的,不要惹麻烦了。"

子路大声责骂说:"你也是孔家的人,为什么见到主人遇难而不救,只顾自己逃走呢?"

子羔说:"现在还是保护自身要紧,我劝你不要闯进去的好。"

大厅里挤满了人,台上站着的是出公的父亲和孔悝,另外还有几个剑客。出公的父亲和伯姬威胁孔悝向大家发表拥戴新国君的宣言,孔悝进退两难。

子路在人群后大声叫道:"抓住了孔悝老爷也没有用,赶快把他放开!就是杀了他,还有我们这些正义的人在!"人们转过头来一看是子路,都心里暗喜。

子路又叫道:"那些阴谋篡夺出公君位的家伙是些胆小鬼,从下面放火把台子烧了,一定会把孔悝老爷救出来的。大家赶快放火吧!"庭院里正在生火,子路大喊着。

这时，由台上跳下来两个剑客。他们嚷道："你这老家伙，让你看看厉害。"喊着便拔剑朝子路刺了过来。

双方交战了几十个回合，因子路一个人对付两个人，而且年事已高，渐渐感到难以招架。剑客的剑尖砍断了子路帽子上的带子，帽子几乎要掉下来了，子路连忙用手把帽子扶好。就在这时，对方乘他不备，一剑刺在子路的肩上。

瞬间，子路鲜血飞溅，倒在地上，但是，一只手还扶着帽子，用最后的气力想把断了的帽缨结好。"看吧！君子是如何死的！"子路叫了一声后，才断气而亡。

"君子正冠而死。"这是孔子的教训，子路在临终时还遵守着这句话。

主张丧葬要合乎礼仪

颜回的父亲颜路非常疼爱儿子,颜回病死后,颜路想用套棺安葬。但是,颜路这种想法却遭到了孔子的反对。

颜回和子路不同,如果说子路是个有勇之人,那么颜回可以说是个有德之人。

他们两人相同的地方是都很贫穷。孔子曾赞赏子路说:"穿着粗布衣裳,和那些穿着锦绣衣服的人们相处,而不感到自卑的,只有仲由了。"

孔子观察颜回的一言一行,正合乎他的教导,而且还能进一步地把所学的道理加以发挥。

于是,孔子说:"我同颜回讲一天的话,他像个愚人似的,没有什么反应。不过,看他事后的言行,不但没有一样不合乎道,而且还能有更深刻的体会,才知道颜回不是愚人。"

有一次,颜回和子路随同孔子坐着马车出门,孔子说:"你们两人,各把志愿说来听听。"

子路说:"不论坐马车、穿轻裘,都愿意和朋友们共享。就是车、裘都因此而损坏了,我也不觉得遗憾。"

颜回说:"不宣扬自己的善行,也不夸张自己的劳苦。"

又有一次,孔子要颜回、子路、子贡3个人,各自说出他们在政治上的志愿。颜回是最后说的。

颜回说:"我愿意帮助贤明的君主和德高望重的宰相,以礼和乐去教导人民,使他们不必用围墙和深壕去武装市镇;放弃刀枪,代以农具,使他们的羊群能很安心地放到野外去。维持每个家庭的团结,避免妻离子散,为我们的后代消除祸根。如果能做到这种地步,子路兄的勇猛和子贡兄的雄辩也就用不着了。"

颜回不但道德修养高,理解力也强过一般人。孔子曾问子贡说:"在理解方面,你和颜回谁强?"

子贡说:"我哪能跟子渊兄比呢,他能够一通百通,而我却做不到这样。"

"说得很对。我也认为你比不上他。"

可惜的是,这么受孔子赞许的颜回,却在他年仅32岁的时候英年早逝了。

当时,孔子正在周游列国,知道了这个消息后,仰天叹道:"唉!天要亡我,天要亡我啊!"

孔子一直觉得颜回是最适合继承自己衣钵的好弟子,对于失去这样好的传道人选,怎能不感慨天要亡他呢!

后来,孔子回到鲁国后,哀公曾问道:"你的弟子中谁最好学?"

孔子说:"有个叫颜回的弟子最为好学,他从不迁怒于人,不犯同样的过失,只可惜他却先我而去了。除了颜回以外,再也没有像他那样好学的人了。"

据说,得知儿子颜回去世的消息,颜路急忙由鲁国赶来料理儿子的丧事。颜路小孔子6岁,也是孔子的学生。

颜回生前非常注重孝道，孝顺父母，他的父亲颜路非常疼爱他。颜路听说颜回在旅途中病死，非常悲痛，他想要厚葬爱子。但是，颜路的家境并不好，一直很贫穷。虽然儿子的棺材准备好了，却买不起棺材外面的套棺。

颜路只好前去求见孔子，说："老师，弟子颜路有件事想求您，希望老师能够帮忙。"

孔子说："有什么事情，你尽管说吧！"

颜路说："老师能不能把您的座车送给我？"

孔子说："你要座车，做什么用呢？"

颜路说："我想把车子卖掉，用那笔钱给颜回买一个套棺。因为我现在很穷，实在买不起。"

孔子说："颜路，我很同情你，天下做父母的，没有不爱自己子女的。"

颜路说："谢谢老师。"

但是，孔子又说："不过，我要告诉你的是，我儿子死的时候，也只有棺材而没有套棺。那时我正在周游各国，所以，就没给买套棺。"

颜路说："原来老师也是这样啊！我实在不应该向老师提出这种要求。"颜路想到孔子的儿子死的时候，也没有用套棺，自己又处在同样情况下，也就不必非要不可了，于是很失望地退出去了。

孔子望着颜路的背影，自语道："我也同他一样喜爱颜回，我何尝不如此想呢？套棺有也罢，没有也罢，这不过是个形式。"

也有些弟子想集资厚葬颜回，把这意思报告了孔子。孔子不赞成地说："丧葬的厚薄，要看自家的经济情形来处理，大可不必铺张。"

但是，颜路爱子的心太过深切，仍希望厚葬。于是，弟子们也就隆重地葬了颜回。

孔子知道这事后，很不高兴，责备弟子们说：颜回在生前，视我如同父亲一样，在他死后，我却不能把他视同自己的儿子一样去埋葬。我儿的丧葬合乎礼；颜回的丧葬，却不合乎礼。这不是我不对，是你们错了。

善于发挥学生特长

　　子贡小颜回一岁,原籍卫国。颜回是正人君子,而子贡是略带轻率性格的聪明人。

　　孔子曾说:"即使不出来做官也能赚钱,所计划的事都能兑现。赐就是这种人。"

　　有一次,子贡问孔子:"我像什么呢?"

　　孔子答:"你是个器。"意思是有用的成材。

　　子贡问:"哪种器呢?"

　　孔子答:"瑚琏。"

　　瑚琏是在宗庙里祭祀祖先的时候盛黍稷的器具,上面装饰有贵重的宝玉,外观华美。仲尼用瑚琏譬喻子贡,意思是说不是君子,但是,属于器具中的贵重者。

　　子路向孔子学得一个道理后,如果还没来得及实践,便不敢再去学新的道理;可是,子贡完全相反,他是在某一个道理还未能实践前,就想学新的东西。

　　子贡曾向孔子请教说:"我想要做到,不希望别人加在我身上的事,我也不加给别人。"

孔子听了说："很好，很好。不过这是仁者之事，不要太勉强，这似乎不是你轻易可以做到的。"

孔子在卫国的时候曾听到一个消息说，齐国田常想要作乱，后来，因为遭到齐国卿大夫鲍氏、晏氏的压制没敢发动，可是，他却把军队移向鲁国，准备侵犯鲁国。

孔子马上召集弟子们说："鲁国是我们的祖国，不能坐视国难而不救，现在，我想派人去和田常交涉，诸位的意思怎么样？"

子路马上挺身出来说："老师，请让我去交涉吧！"

孔子没有答应。接着，子张、子石也来请求，但孔子都没有允许。

最后子贡说："让我去试试看好吗？"

孔子允许了。因为孔子想：以子贡的口才，成功的希望比较大。

子贡到了齐国，向田常说："你想出兵攻打鲁国来立功，这想法错了，鲁国并不是那么容易攻打的。依我看来，不如移兵去攻打吴国倒来得容易。"

田常说："你所说难的，正是我认为容易的；你所说的容易的，正是我认为难的。请不要再胡说八道了。"

子贡开始发挥他的辩才："有句话说：'忧在内者攻强，忧在外者攻弱。'现在，你所要忧虑的是国内的事。听说你曾被封过3次，都没有成功，这是国内大臣们暗地反对的结果。如今，你准备攻打鲁国，去扩大齐国的领土来建功，你却没想到，即使齐国真的战胜了，受益的是君主和那些大臣们，更助长了他们的骄矜自大，对你并没有什么好处。大臣们只顾自己，是不会封赏你的。日子一久，你必然和大臣们相争，这么一来，你的情形可就有了危险，地位也就保不住了，所以，我说放弃攻打鲁国而去攻打吴国，也就是这个道理。

"另外，攻打吴国，是不容易取胜的，也必定会有很多人要丧命在沙场上，国内的大臣们也就被迫不得不引咎辞职。这样一来，在齐国国内就没有人能和你争权了。"

田常听了子贡滔滔不绝的分析，觉得很有道理，便说："我明白你的意思。不过，军队已经开往鲁国去了，中途要是改变方向，转往吴国去的话，大臣们可能要怀疑我，你说，这可怎么办？"

"不要紧，"子贡说，"你下令暂缓前进，让我先到吴国去，叫吴国的军队为救鲁国而迎击贵国的军队，那么，你们就可以顺理成章地去打吴国了。"

田常同意了子贡的计划。于是，子贡便赶往江南的吴国去了。

到了吴国，他向吴王夫差说："'王者不灭国，霸者无强敌。'现在齐国要侵占我们弱小的鲁国，想跟贵国争强，这对贵国是很危险的事。发兵救鲁，可以显示大王的威名；假如战胜了齐国的话，还可以慑服晋国，这对于贵国是很有利的，名义上是救鲁国，请大王速下英明的裁决吧！"

吴王夫差说："好的。不过，目前我们也有困难。不久以前，我们打败了越国，把越王击退到会稽。听说越王现在还专心致志地卧薪尝胆，想要重整旗鼓卷土重来呢！所以，为了自己的安全着想，还是先把越国解决了。你的计策等一些时候再说吧！"

子贡继续游说："越国弱小，和鲁国差不多，而贵国强大，和齐国也差不多。如果大王不攻打齐国，那么，用不了多久，齐国必然把鲁国给吞灭了。贵国如果只顾存亡的名义，弃齐国而伐小越，就不是勇，勇者不避艰难，仁者不弃受困的人，智者不错失时机，义者不绝世。现在不伐小越，是向天下宣扬仁；救鲁国而伐强齐，是向西方的晋国示威。这么一来，各国的诸侯必然相率来朝，大王的霸业就会更盛了。如果大王还担心越国为患，那么，请让我到越国去见越王，要求他们也出兵帮助贵国去攻打齐国。这样对于越国，名义上是加入伐齐阵容，实际上等于削减了越国的兵力，越国更不足以为患了。"

吴王很高兴地说道："那么，就请你到越国跑一趟吧！"

越国方面听到子贡要来，预备热情地招待他。越王还亲自到郊外去迎接，并且用自己的马车，恭迎子贡到宾馆去。

越王是个小国的君主，所以态度很客气，到了宾馆就跟子贡说："我们是蛮夷之国，一切都不大开化，大夫有何贵干，劳驾来到我们这里？"

子贡说："有件关系重大的事，所以特地来拜访。"

"请指教。"

"事情是这样：最近我请求吴王伐齐救鲁，吴王虽然也有这个意思，但心里总是挂虑着越国。他说：'让我先收拾越国后再说。'这么一来，他一定要先来攻打贵国。"

子贡接着说："我的意思是贵国如果没有报仇的意思，却被人怀疑，那是很冤枉的事；有报仇的意思，而被人先察觉，也是很糟糕的事。事情还没做而先被人家知道，是很危险的事。"

越王点头说："我过去曾经不自量力，和吴国打了一仗，受困在会稽，痛苦达于骨髓，整天整夜只因仇恨未报而舌干唇焦。我勉励国人只有跟吴王拼命才能复仇，就是战死，也是我心甘情愿的。"

子贡说："吴王为人残暴，群臣也不堪其忧。由于多年的战事，国家疲惫，老百姓都怨恨朝廷，大臣们又不诚心为国效力。所以，不久的将来，吴国国势一定会衰退的。大王如能出兵帮助吴国，激发吴王的斗志；再送重宝，讨吴王的欢心，并且用柔词来迎合他的意思，吴王必然会攻伐齐国。

"如果吴王战败了，那是大王的福气；如果吴国战胜了，一定会乘胜进攻晋国。我还准备到晋国去见晋王,说服他们和贵国一起去攻打吴国。吴国大部分的精锐军队将在跟齐国作战的时候损失掉,到那时候一定不堪贵国一击。"

越王立刻赞成子贡的意见,并且准备送子贡许多金子和两支锐矛,但都被子贡谢绝了。

子贡赶回吴国,向吴王报告说:"我把大王的意思转告给越王知道,越王态度很恭敬,他说是因为小时候失去父亲,不知道自己国家的实力,贸然跟贵国作战以致一败涂地,实在很惭愧。今蒙吴王宽谅,谢恩犹恐不及,根本不敢别有用心。"

吴王当然得意极了。又过了5天,越王派遣大臣文种来吴国晋见吴王,说:"听说大王将为正义而伐齐国,敝国计划动员兵力3000人,以追随大王。另外,由贱臣文种经手,将已故先王所持用的武器、20套铁甲衣和矛剑等赠给贵国的将领,以示敬贺之意。"

吴王等越臣离去后,召子贡来说:"越王自动表示要追随我去讨伐齐国,并且准备了兵力3000人前来助阵,可不可以接受?"

"不要接受。把别国的兵力调走,让别国的老百姓受苦,并且使别国的君主来服侍自己,这都是不义的行为。我的意思是:大王可以接受越国送来的礼物,但不必让越国出兵。"吴王便拒绝越王出兵助阵,以显示大国风度。于是,吴国派出大批兵马攻打齐国。

子贡就赶往晋国,对晋王说:"凡事都应该事前有所准备,以防止突发事件。现在齐国、吴国会战,如果吴国输了,越国可能把握时机攻击吴国;如果吴国赢了,可能乘胜转攻贵国。"

晋王听了很着急,问道:"该怎么办呢?"

子贡说,"让兵马充分休息,养精蓄锐,等待好机会。"

晋王同意子贡的建议。子贡完成任务后,赶回卫国孔子的所在地。孔子看到子贡回来,就说:"辛苦了,辛苦了!这次的任务很重,你一定很辛苦。"

子贡把自己在各国活动的状况,逐一向孔子报告。孔子对子贡甚为嘉许。

此时,吴国的大军正秘密地向齐国前进。而齐国的军队,在前往鲁国的途中,临时接到停止前进的命令,士气立刻涣散了。吴国和鲁国的联军突然来袭,齐军不堪一击,溃不成军。

吴军大胜,准备凯旋,但吴王想乘机进攻西方的强晋。所以在中途突然下令,但士兵们都着急回乡去见亲人,所以士气低落,怨声载道。

晋国拥有强大的军力,加上子贡的来访,事前已有准备。结果,吴军大败。越王听说吴军在晋国溃败,认为报仇的良机已到,马上率军渡过钱塘江攻打吴国,逼近离吴王王宫几里地的地方。

吴王慌忙离开晋国,赶回吴国,迎战越军。但吴国大势已去,三战三败,王宫被攻陷。越王杀掉了吴王夫差和吴国的一些大臣。

子贡以一己之力使鲁国免于灭亡,乱齐破吴,强晋助越,左右了当时5个国家的命运。子贡很有才气,但对孔子则非常恭敬。有人曾对子贡说:"你很谦虚,我看孔子也不一定比你贤明多少。"

子贡说:"君子要慎于言,不要乱说话。我是远不及我们老师的。我不及他,就好像不能挂个梯子爬上天一样,我们相差得太远了。假如老师愿意参与国家的政事,很快就能够看到功绩。老师在世,世人莫不向往;老师逝世,世人莫不同声哀悼。我哪里比得上他呢?"

孔子逝世后,一般弟子都服3年丧,子贡却留守在墓旁,达6年之久。

教育学生要重德知恩

在"孔门十哲"中，仲弓是长于德行的。

有一天，仲弓向孔子请教政治。孔子说："出门的时候，要如同参见大宾一样地恭恭敬敬；差遣人民的时候，要如同承受大祭一样地谨慎。"

仲弓就一直遵守这个教训。

孔子说："雍也，可使南面。"

冉雍就是仲弓的姓名。"可使南面"的意思是说，可以让他就任诸侯的地位。因为古时候诸侯接见臣下，都是面向南方而坐。

因为仲弓常蒙孔子嘉许，嫉妒者在暗地里故意诽谤他说："仲弓也许是仁者，但是口才不好，没有什么了不起。"

这类恶意的话语传到孔子的耳中，孔子说："什么口才？要口才做什么用？"

嫉妒者说："跟人家说明道理，不是需要口才吗？"

孔子说："不，口才是无关紧要的，善弄口舌的人，有时爱信口胡说，容易惹来麻烦，不管仲弓是不是仁者，至少他说话是很谨慎的。说话谨慎才重要，口才还在其次。"

由于仲弓的父亲出身微贱，又有人拿这一点来贬低他。孔子想找个机会和那些说闲话的人谈谈。

有一天，孔子和几个弟子到郊外去散步，正是春耕时节，有很多牛在耕田。牛群里大多数是杂种牛，其中有一头红色的大牛，毛色好看，犄角也很美丽。孔子自言自语地说："这头牛壮美啊！"

弟子们也说："真是，这么好的牛让它做耕牛，太可惜了。"

孔子问道："你们认为那头大红牛是不是很适合做祭坛上的牺牲？"

弟子们异口同声地表示赞同。

孔子再问："假如那头大红牛是出身于杂种的犁牛呢？"

弟子们说："出身有什么关系呢！只要本身是好的，不就可以了吗？"

孔子说："对，只要本身是好的就行了。只要本身是好的，山川诸神都不会舍弃它的。"

在归途中，弟子们才恍然大悟，老师是借犁牛的例子，来替仲弓说话啊！

宰予的字叫子我，也是"孔门十哲"中的一位。他开始给孔子的印象还不错，但后来渐渐地露出了本相：既无仁德又十分懒惰；大白天不读书听讲，躺在床上睡大觉。为此他常受到孔子的斥责。

有一次，孔子正在讲课，宰予因贪恋午睡，迟到了。孔子就斥责他道："朽木不可雕也，粪土之墙不可圬也。"

意思是说，宰予这种人，**就好像是腐朽了的木头，不能加以雕刻；又好像是污秽的墙壁，无法加以粉刷。**

孔子还说过："以前，**我对于人是听其言而信其行**；现在，我对于人是听其言以后，还要观其行，才能相信。这是因为看到有宰予这种只能言而不敏于行的人，才转变了我的态度。"

因为宰予时常嘴巴上说得很好听，行动则总是不及他人。宰予爱说俏皮话，对于仁道、信道不笃行。

有一次，宰予故意问孔子："有仁的人，如果知道井里有人掉下去的话，为了救人是不是自己也要随着跳下井去呢？"

孔子答道："何必非这样做不可呢？君子可以用计策使人得救，但不能使自己也陷入井里。要救掉在井里的人，应该在井上设法施救。如果自己跟着跳进井里去，那等于是自杀，不但救不了他人，连自己也要遭灭顶之灾，这种道理很明显。仁者听到他人遇难时，应急切地去施救；然而不顾自己的安全，这也不是好的办法。"

又有一次，宰予问孔子："服3年之丧，好像时间太久了。君子居丧3年不习礼，礼必坏；3年不习乐，乐必崩。吃完旧谷，新谷上市也只需一年；在一年里，天运一周，时物皆变。所以，服丧是不是一年就足够了？"

孔子答道："服父母之丧未过3年，就开始吃米饭，穿锦缎华衣，你心里不觉得不安吗？"

宰予却面不改色地说："不会。"

孔子不高兴宰予这种无仁于亲的态度，就斥责他道："你心里不觉得不安的话，那你就那么做好了。事实上，要是君子的话，在服丧的时候，就是吃了什么美味的东西，也不会觉得有什么味道；就是听到美妙的音乐，也不会觉得快乐的。但是，如果你能心安的话，你就那么做好了。"

宰予自知不对，退了出去。

孔子叹息着向旁边的弟子们说："宰予没有仁心。婴孩出生，至少得经过3年才能离开父母的怀抱。所以说，反哺3年之丧是天下的通义，绝不算久。宰予这个人，对于父母竟连3年的恩情也没有啊！"

孔子的另一个弟子，叫澹台灭明，字子羽，是鲁国人，比孔子小39岁。子羽的体态和相貌很丑陋，想要跟随孔子。

孔子开始认为他资质低下，不会成才。但他从师学习后，回去就致力于修身实践，处事光明正大，不走邪路；不是为了公事，从不去会见公卿大夫。

后来，子羽游历到长江，跟随他的弟子有300人，声誉很高，各诸侯国都传诵他的名字。

孔子听说了这件事，感慨地说："我只凭言辞来判断一个人品质能力的好坏，结果对宰予的判断就错了；我只凭相貌判断人品质能力的好坏，结果对子羽的判断又错了。"

用身边的故事教育弟子

在杏坛开办私学后,整个教学活动丰富多彩,教学方法灵活多样。用弟子的故事教育弟子,便是孔子的生动教学法之一。他的得意弟子闵子骞,有时便成了孔子教学的助手。

闵子骞(名损,字子骞)是鲁国人,平民出身,是第一批登上杏坛拜师的孔门弟子,比孔子小15岁,文武双全。

一天拂晓,闵子骞挎箭提刀和颜路去矍相圃习射练武。刚走出阙里街不远,路遇一位胖汉用土车推着一具尸体。胖汉子看到有人同行,便暗自急着赶路。闵子骞看出了蹊跷,大喝停车。

胖汉子假装没听见,继续急走。

闵子骞快跑几步,赶在小土车前面,挡住了去路。

胖汉子认为闵子骞多管闲事,仗着有些武功,便拉开了架势猛扑过去。文武双全的闵子骞一拳就将他打倒在地,又踏上一只脚。

胖汉子立刻求饶道:"大爷饶命,小人张成有眼无珠,一见面就该向大爷说明。这位老人是个老乞丐,她死在了街旁,我把她推到郊外。"

车上的老太太听到自己要被推出城活埋,急忙挣扎哀求:"张成,儿啊!我是你亲娘啊!我还没死,你不能活埋我呀!"

闵子骞和颜路上前解开绳子,掀开草苫子,扶起了老人。

老人说:"他是我的儿子。我生病卧床3天,他没给饭吃,也没给水喝,想饿死我。他说推我去看病,却原来趁我昏迷,想推出去活埋我!孽子呀!"

闵子骞猛一把抓住张成,怒不可遏地说:"张成!你娘有病,你不但不给她治病,还想饿死她。3天没饿死,又推出去活埋!你这个狼心狗肺的东西,我问你,你出生时,是你娘身上掉下的几斤什么?"

张成点点头说:"我出生时,就是娘身上掉下的几斤肉。"

闵子骞说:"既然如此,我就从你身上割几斤肉,煮熟了,让老人吃顿饱饭,我再带她老人家到官府告你,官府不杀你的头才怪呢!"

颜路和围观的人也高声怒骂起来。

张成跪地求饶道:"请各位大爷放心,今后我一定孝敬好母亲!孝敬好母亲。"

闵子骞正告张成:"快把你娘推回家去,立即给老人请医生治病,好好地伺候老人,如若故技重演,定让你不得好死!"

"是,是!"张成应诺着,推着母亲回家了。

习射练武归来后,颜路向正在吃早饭的老师汇报了这件事。孔子说:"太好了!也太巧了!我正考虑今天上午上课时,让闵子骞主讲呢!"

开始上课了。孔子说:"今天上'孝道'课。先由颜路讲一讲今天早晨发生的故事。"

颜路激动地站起来,绘声绘色地将闵子骞惩治不孝之人张成的经过讲完了。

孔子说:"闵损之所以容不得虐待父母的人,并当即予以严惩,根本原因在于他德行卓著,孝行突出。'孝'是指尽心尽力地尊重、爱护、奉养父母等长辈。要知道,'仁'是德行的核心,'孝'是仁的基础。换句话说,'孝'是人的道德的基础,也是做人、做事、为政的根本。如果一个人对父母都不孝,他的道德就恶劣到了极点!对父母不孝的人,对他人不可能讲'仁',对朋友不可能讲'义',更不可能忠于国家和黎民。所以,忠、孝、仁、义是密切关联的,是一致的。闵损是个德行很好的人。对于他孝顺继母的故事,我5年前就知道了。他12岁时,就是闻名鲁国的大孝子了。闵损真是孝顺呀!人们对他父母兄弟称赞他孝顺的话完全同意。我可以用一句话评价:'孝哉闵损!'现在,让闵损给大家讲一讲他孝敬老人的故事。"

闵子骞一向不愿谈自己,但对于老师的安排还是听从了。闵子骞庄重地站在老师和同学们面前,讲述了自己孝敬父母的经历。

闵子骞6岁时,母亲病故。年幼的子骞虽劝父亲节哀,而自己却哭得死去活来。他为母亲披麻戴孝,守孝百日。

不久,闵子骞的父亲闵德仁又娶了一个妻子,叫李秀英。李秀英一进门,就看子骞不顺眼。但迫于丈夫的威严,还能顾全面子,家中暂时相安无事。后来,李秀英一连生了两个男孩,她便开始厚待亲生儿子,虐待子骞。

一次,闵子骞给他的父亲驾马,抓不住马缰绳,他的父亲握着他的手,发觉他的手很冷,穿的衣服也很单薄。父亲回去后,把后母生的儿子叫来,握住他的手,手是温暖的,穿的衣也很厚。就对妻子说:"我娶你的原因,是为了我的儿子,现在你欺骗我,让我的儿子受冷,你走吧,不要再留在我家。"

子骞立即跪在地上,为继母求情:"父亲,你消消气。母在一子单,母去三子寒,留下高堂母,全家得团圆。孩儿宁可一人受苦,不能让两个弟弟受饥寒!"

李秀英自知理亏,也立即双膝跪地:"夫君息怒,贱妻虐待长子,对不起您!今后,一定善待损儿,望夫君宽恕。"

父亲这才原谅了妻子。

子骞上前扶起仍跪在地上的继母。继母满面羞愧,不由得流下了忏悔的眼泪。她拉着子骞的双手,泣不成声地说:"儿啊!继母对不起你。从今以后,你就是我的亲生儿子啊!"

继母回到屋里,一口气给子骞做好了新棉袄、新棉裤。

子骞换上一身新棉衣,来到继母面前说:"给母亲请安,多谢母亲疼爱孩儿。"

继母流着泪说:"儿啊!我丧了良心啊!对不起你啊!你心眼好,不与我一般见识,是你成全了咱们这个家啊!天下哪有你这样的好孩子啊!"

继母因忏悔、痛心,变得精神恍惚。子骞一边安慰父亲,一边护理继母,给她请医生、煎药。一连7天,继母的病才好转,但身体虚弱,卧床难起。

子骞对父亲说:"母亲体弱,我去武棠亭买些鲜鱼来,给母亲补身体。"

闵子骞来到台子上,没看到一个卖鱼的。放眼水面,坚冰锁湖,连个打鱼的人影也没见。他低着头,在台子上走着走着,突然,紧皱的双眉舒展开了。

他来到附近一户农民家里,借了一把鱼叉、一个榔头,使尽平生力气,连砸几榔头,坚冰被砸开了一片。

一会儿,那群鲤鱼移至冰窟处吸气,子骞趁机猛下一叉,叉出一条鲤鱼。在叉第二叉时,因用力过猛,把冰踩塌了,一下子把棉裤浸湿了大半。他索性脱下棉袄，往旁边的冰上一放，蹲下身去，一连抓上来5条鱼。

父亲、继母看到子骞扛着鲜鱼回来，立即给他换衣服。问明原委之后，夫妻俩都感动得哭了。从此，继母变成了一位慈母。

她向丈夫提出："损儿这孩子聪明、德行好，光让他在干活之余跟你学识字不行，应该送他去上学，才能把他培养成才。现在，无非家里困难一点，我早起晚睡，多纺棉、多织布，家里再苦，也不能苦了损儿这样的好孩子！"

她亲自送子骞进入"观鱼台学堂"就读。在学校里，子骞夜以继日，如饥似渴地学习知识。子骞在"观鱼台学堂"就读3年，连年荣膺第一名。

一天，一位姓赵的先生来到子骞家里，向其父母恭贺："您夫妇真乃教子有方，闵损连年品学兼优，才智超群，可喜可贺。"

赵先生喝下一口茶，继续说："借此机会，我还要告诉您夫妇一个好消息，昨天，我表哥从曲阜来我家，他说：'国君下诏，批准当代圣人孔夫子开办私学，孔子已在曲阜贴出告示，五月末举行拜师仪式，只交10条干肉作为学费，就可以入学了。'我看，您夫妇还是送孩子投孔门吧！以免误其前程。这孩子才15岁，将来一定能成为高才大贤！"

于是，夫妇俩用马车为儿子装上竹简、衣物、粮食，并带上银两和10条干肉等，亲自送子骞赴曲阜，拜仲尼为师，投孔门就读。

孔子对待他的朋友们，总是保持着浓厚而长远的友情。即使是和自己作风不同的人，他也不肯轻易中断交往。他希望弟子们也能做到这一点。

他曾有一位老朋友叫作原壤，原壤是个做事不拘小节的人。平日里总是随随便便的，给人的印象非常不好。

孔子曾经挖苦他说:"年轻时就不规矩,长大了也没有出息,你这老不死的,真是一个贼啊!"说着便用拐杖朝原壤的大腿敲了几下。

后来,有一天,原壤的母亲不幸去世了。

孔子闻听这一消息,便赶紧去原壤的家里,帮助他前前后后地忙活着,料理后事,还帮助他收拾老人的棺材。而原壤却疯疯癫癫似的跳到了棺材上,坐在了棺材板儿上,冲着孔子笑嘻嘻地唱起来。

孔子就当没有听见一样,不理睬他。跟随孔子的弟子却忍不住了,说:"这样的朋友,还不该绝交吗?"

孔子微笑着说;"不是说,原是亲近的还应该亲近,本来是老朋友的也还是老朋友吗?"

弟子们听了孔子的话,深受教育。交朋待友,无不具有其师风范。

带领弟子排练宫廷乐舞

办学的第三年,有一天上午,孔子给学生上舞乐课。

孔子说:"我已经接到诏书,国君急令我们排练八佾乐舞。再过8天,咱们一起去太庙,也就是周公庙,参加国祭之日的八佾乐舞表演。

"八佾,是天子的专用舞列。国君派宫廷内的优秀舞师、乐师,下午来杏坛指导排练。这是国君给我们的殊荣,也是大家学习舞乐的好机会。"

接着,孔子讲一些有关的知识。他先讲舞列。佾,是指行列。西周制定的礼乐制度有严格的等级,歌舞人排成8队,每队8人,配上韶乐,边歌边舞。诸侯国的国君用六佾,大夫用四佾,士用两佾。

作为诸侯国的鲁国国君也可破例使用八佾,因为鲁国是周公的封地,周公帮助周武王、辅佐周成王平定天下有功,周成王特批鲁国国君可以破例使用八佾。

孔子又讲了舞乐。首先,有乐器才有音乐,乐器的统称叫八音,即金、石、土、革、丝、木、匏、竹8类。

现在，国家祭祀用的舞乐是韶舞、韶乐。歌颂舜继承尧的盛德而表现天下太平的舞乐称之为韶舞、韶乐。韶乐完美无缺，而歌颂武王伐纣功绩的音乐武乐也很好，但较之韶乐则略有不足。

讲完之后，在杏坛前边的场地上，八佾乐舞的排练开始了。孔子时而操琴，时而辅导舞步。宫廷的乐师、舞师精心指导，一丝不苟，学生排八佾，还有一些学生组成乐队，用宫廷乐队的乐器奏乐。全体参练人员，只用了6天时间，就把八佾舞乐排练好了。

祭祀大典那天，台上只有鲁昭公、孟懿子和几位不出名的大夫。大权在握的相国季武子和叔孙氏没有到场，祭品也很寻常，太庙内冷冷清清。

孔子及其弟子的到来，弥补了宫廷音乐歌舞队的缺席。孔子亲自弹琴并带领学生乐队演奏韶乐，弟子们兴致勃勃，边唱歌边跳八佾舞。祭典结束后，鲁昭公对孔子及其弟子们进行了奖励。

在回杏坛的途中，孔子低声对弟子说："季武子是大夫，论规格，其家祭只能使用四佾。他把自己置于国君的位置，调用宫廷音乐歌舞队，违规使用只有天子和鲁君才能使用的八佾，竟然干出如此无礼之事，真是无法无天呀！八佾舞于庭，是可忍，孰不可忍也！"

季武子的一个爪牙躲在孔子后边，窃听后，转身去到季氏面前报告。季武子听后气得咬牙切齿。

坐在季武子身边的阳货说："相国息怒！这孔丘也太自不量力了，一个小小的教书匠，竟敢私下谩骂评说相国，我去把他扣起来，听任大人发落！"

季武子瞪了阳货一眼说："胡闹！在鲁国有两个最大，我的权力最大；孔丘的名声影响最大，连齐景公、晏婴都来鲁国拜访他。

"孔丘已成为出了名的大贤，又有一批文武双全的弟子。对孔丘只能利诱，不能伤害！你懂吗？"

阳货点了点头，似乎领会了主子的意图。他说："要不，我去把孔丘留下，您利用他来观光之机，请他做客。"

季武子说："这倒是个好主意，快去，要诚心诚意地请他来，言必由衷！"

午宴上，一向傲慢无理的阳货一反常态地为孔子敬酒。季武子说："夫子开办私学，功德无量啊！"

季武子继续说："我听说夫子常教导弟子，'以礼乐兴国'，对此，老夫直言一句，不合时宜呀！去年，周天子，即周景王驾崩，连各国诸侯都不去奔丧，并且，由此天下大乱起来，还讲什么八佾、四佾呀？"

孔子说："相国有句名言：'没有规矩，成何体统！没有规矩，政事必乱！'这话说得太好了！正是由于天下大乱，才造成礼崩乐坏呀！而按礼乐制度行事，天下就太平。周成王以来的历史，不正说明了这个道理吗？相国大人，你说呢？"

季武子被孔子一句话问得乱了方寸，不由自主地将心机和盘托出："只要夫子顺从我，我让你升官发财，尽享荣华富贵！"

孔子说："丘吃醉酒了，言不由己，还是告退为好。"

于是，孔子站起身，想找理由告辞，还故意带着几分醉意问："只要'顺从'就能赐官？"

季武子趁机说："我的意思是说，夫子是满腹经纶的贤人，我想请夫子入仕，做我的家臣，你与阳货一文一武，并驾齐驱，这对安邦定国多么有利呀！我想，夫子不会推辞吧？"

孔子意识到季武子拉他做家臣是为了装点门面，并非让他施展仁政礼治等方面的才能。

于是，孔子说："感谢相国厚爱、器重。不过，我的私学才办了3年，丘不能抛下弟子不管呀！'教书育人，为国效力'，这是我多年思考的事。丘以施教为己任，还望相国谅解。"

名传海外收日本弟子

在孔林里,有千万棵各种各样的树木:柏树、橘树、松树等,许多都是千年的古木,树高云天。雏离、女贞、五味、樱花等名贵树种,在孔林里都可见到。

相传孔子去世以后,弟子们都四面八方去寻找奇树,栽到孔子墓的周围。单说这樱花,就数日本三岛最多,它又是怎么栽到了孔林里了呢?每年一到三月,那樱花便开得一树树,一片片,花光照眼的那么新鲜。

说起来,不光孔林里有从日本传来的樱花,孔子当年还有过日本弟子哪!

当今的日本,一些地方,仍然建有孔子庙:长崎的孔子庙,是明代的建筑,庙前面也和中国的孔庙一样,有着一条泮水;福岛县有日新馆孔子庙;岗山县有显谷孔子庙;汤岛也建有孔子庙。

由此可见,儒家的学说和思想在很早以前就已经传到了日本。

当年孔子3000弟子里,有个弟子想用仁义治国,在各国实行不了,他就去了齐国,可是齐国的国君也不肯采纳他的主张,他只好又离开了齐国。但他一点儿没有灰心丧气。

他背着竹简，走了一国又一国，过了一城又一城，后来到了东海边，去了日本国。

当时的日本社会，要比中国落后很多，文化更没有中国发达。孔子的这个弟子，不光背去了写在竹简上的经书，还有一肚子才学。他凭着聪明好学，很快便学会了日本话，也跟孔子那样收徒弟讲学。越来越多的日本人都来向他拜师求学。

那时候日本还有一种和当时中国不同的风俗，弟子们常常和媳妇一起去听讲。尤其是有一个叫银杏的弟子，每次都是这样，小两口总是一块儿来，一块儿去；两人打心里感激老师，觉得要不是老师从中国带来了经书和学问，怎么能得到这许多的学识。

有一天，银杏禁不住问道："老师，你这么多的学问都是从哪里学来的？"

他说："在中国，我有个老师叫孔子。孔子的学问，好比是万丈高的宫墙，要是抬头仰望，就越看越高；只要能找到宫墙门进去，便能看到墙里的宫殿有多好，屋宅内又是怎样的多种多样。我虽说跟老师学了多年，但老师的才学是无边无沿的，我学到的还只是皮毛！"

夫妻俩听了，不觉惊讶地问道："天下竟然有这么个大学问家！他在中华大国的什么地方？"

于是，他便把孔子怎么在尼山出生，怎样立志刻苦学习知识，后来又办私学教书育人的事迹，给他们从头至尾说了一遍。从此后，小两口心中想得最多的事就是有一天能到中国去，跟这个大学问家孔子多学习几年才好。

夫妻俩求知心切，没过多久，就踏上了前往中国的旅途。他们在海上不知过了多少个风雨飘摇的日子，也不知行了多少路程，终于到达中国的港口。他们风餐露宿，不几天就赶到了尼山。

尼山的景致果然不同寻常,群山环绕,青松翠柏间,他们终于看到了孔子在一棵大树底下弹琴,若干弟子坐在旁边读书。

听说他俩是从日本漂洋过海,特地来中国求学的,孔子及其弟子都异常高兴。孔子说:"我从小好学,也愿游学四方,你们夫妻俩能不远万里到中国来学习,实属难得啊!"

本来,孔子收徒弟,不管贵族、平民百姓,都是要10条干肉作为学费的。可是,跟这对日本夫妻他却什么也没要,选了个黄道吉日,行了拜师大礼,就正式收下了银杏夫妇为孔门弟子。

这银杏夫妻俩刻苦好学,加之天资聪颖,深得孔门师生的喜爱。

转眼间,3年过去了。孔子教学生的"六艺":礼、乐、射、御、书、数,银杏夫妻俩全都学遍。特别是射箭,更是百发百中。

有一天,夫妻仍双双来到了孔子跟前,拱手行礼道:"老师,你的学问比大海还深,我们一辈子也学不完。可是,我们离开日本已经3年了,不知家乡变化如何。此次返回,也要像恩师一样,设坛讲学,将恩师的学识发扬光大。"

孔子说道:"是啊,是该回去了!"

银杏两人临行那天,孔子及弟子们都出来相送。

夫妻两人又历经千辛万苦,从中国返回到日本。他们把从中国学到的各项知识和技艺都传授给本国的学生。对于中国儒家文化的传播起了重要的作用。至今的日本很多礼仪和习俗都能在中国古代文化里找到渊源。

带着政治理想实地考察

孔子从小就对周朝非常向往,这个念头随着年龄的增长更趋浓厚;因此,他很想到周都洛阳去走一遭。

不久,有个偶然的机会,使他达成了夙愿。

孔子的弟子里,有鲁国卿大夫孟僖子的两个公子,即孟懿子和南宫敬叔。孟家是鲁国三大家之一,和季孙、叔孙两家,同是实际主宰鲁国政治的高贵门第。这么一个大门第,肯让孩子去师事孔子,可见当时孔子的名气之高了。

孟家两个弟子中的弟弟南宫敬叔特别优秀,孔子也格外喜爱他。有一次,孔子称赞他说:"像南宫敬叔这种人,可称为君子。"孔子还说他是个难得的人才,无论在平时或战时,都足以担当大任。后来,孔子还把侄女嫁给了南宫敬叔。

南宫敬叔从12岁开始就拜孔子为师。一天,孔子对他说:"我很想到周都洛阳去走一趟,到那里去看看古时修明政治的遗风,再看看老子和其他许多学者,向他们请教。"

南宫敬叔听了孔子这一番话后,不久,就向鲁昭公进言,希望让孔子到周都洛阳去参观先王的遗制,考察礼乐。昭公答应了南宫敬叔的请求，还送给孔子一辆旅行用的马车。

洛阳在今河南省的北方，属于黄河流域，位置适中。当时中国的情形和现在大不相同。那时，长江流域尚未开发，全国的文明集中在黄河流域，洛阳是该流域的中心。

孔子一行出发的时候，正值初春季节，明媚的阳光普照大地。马车就在这美景中徐徐前行。孔子戴着帽子，穿着宽松的儒服，坐在马车上，脸上表现出喜悦之情。

当时，夜间是禁止通行的。孔子一行急着要赶到洛阳，但天一黑也必须停下来，在旅馆里过夜。晚上，在旅馆里他们生火取暖，热烈地谈论《诗》《书》《礼》《乐》。终于到达了洛阳。

这时的周室已衰，洛阳的繁华当然也不比从前了。不过，由贯通东西南北、四通八达的宽大马路，以及环绕着市街的高大城墙，不难看出从前的繁华。孔子对一切新的见闻都深感兴奋，他和南宫敬叔两个人在洛阳，每天都到各地去参观。

祭天地的场所是他们常去的地方，周王祖庙和朝廷的大礼堂他们也都去看了。在大礼堂的墙壁上绘有尧、舜以及历代天子的画像，叫人看了肃然起敬。至于荒淫无道的殷纣王像，便不得值一顾了。

在另一边的墙壁上，绘着周公辅佐年少的成王接见诸侯的图画。周公早就是孔子心中的偶像。孔子被这幅图画吸引住了，周公温和高贵的容颜、从容不迫的风度，令孔子看了不由得生出敬畏之心。

孔子凝眸注视了很久后，回过头来对南宫敬叔说："你看，周公是如何伟大，只要看了这幅图画，就可一目了然。要了解今日的社会，就需要明白先王的遗制，作为今后的借鉴。"

他们又参观了太祖后稷的庙，在庙的石阶前面，站立着一尊金属制的人像。人像的嘴上用3根钉子封着，背面刻着一句诫言："古之慎言人也，戒之哉！"

孔子对弟子说："记住，说话要谨慎。先人大都能践行这个原则，这是因为他们以'言不顾行'为耻辱的缘故。"

他治学的态度是"好古敏以求"，这里所谓的"古"，主要就是指周朝先王在洛阳所施行过的"王道"。

古时候，政治是假借神权来统治的。

当时人民都信仰土地神、门神、炉灶神等多神教。统治这许多神，而高高在上的就是"天"。这个"天"是无形的东西，它不直接现身治理万物，所以，需要有圣贤出来代理天神治理人民，这个代理人叫作"天子"或"帝王"。帝王代理天神，他要向天神负责，为人民谋幸福。

因此，帝王的责任是重大的，不是圣贤者很难胜任。做帝王的，能够具有道德心、仁义心，而能为人民谋幸福，便是合乎"王道"。总之一句话，王道就是能"内圣外王，正德厚生"。

帝王履行责任，一个人的力量究竟有限，需要有人来辅助他。帝王要圣贤才能胜任，而能辅助帝王施行王道的，就是君子。孔子教授给弟子的，便是如何成为君子的道理。

有一天，孔子到图书馆去拜访老子。那时老子是国立图书馆的馆长，兼任记录国家历史的史官。

孔子被引进老子的房间时，老子刚刚洗过头发，还没有梳理，蓬松地乱成一团，样子很不好看。孔子郑重地行过礼后，开始向老子请教"礼"和古代的制度以及文物。

老子一一回答，只是因为乡音太重，又没有了牙齿，说的话有些听不太清楚。老子对于礼很有见解，但对于其他的问题，却答得很含糊，孔子难以理解。

老子对孔子说："会做生意的商人，不会把所有的商品统统都摆在店面里，所以一眼望过去，好像存货不多。同样的道理，如果是真正的君子,虽然他具有良好的德行、超人的智慧,外貌却看似愚笨。至于你,对本身的学问过于自负,有点傲气,其他的欲望也太多。最好是先把这一点改掉。"

听老子这么一席话,孔子羞愧得面红耳赤。在这之后,孔子常去拜访老子。

归国前辞行的时候,老子说:"我听说富贵的人给人饯行时,常赠送财物;仁者的饯别,则多赠送箴言。我不是富贵者,只好仿效仁者奉赠一言:'不要存己。'孝事父母,臣事君主,都不可存有一己的观念。"孔子答谢后,辞别了老子。

当时,老子的言论孔子还有些不大理解,但仍觉得老子是博古知今、通礼达乐的大人物,所以,他向南宫敬叔说:"谁都知道鸟是会飞的,也知道鱼是会游的,更知道兽是能走的。至于龙我就不知道,它能乘风云而上天,老子就是像龙一样的人物。"

孔子虽然很佩服老子,但觉得他处世的态度似乎与自己不同。他想了很久,结论是老了的人生哲学有避世的消极态度。而孔子的处世态度是积极的,不愿遁世独善其身。

在洛阳期间,孔子曾向苌弘请教音乐。苌弘佩服孔子的为人,曾对人说,孔仲尼这个人有圣人的仪表,有黄帝的容貌,腕肱修长而背部像龟,又那么高大。听他说话,态度谦让,记忆力强,博物不穷。由他这个人,我们好像看到圣人兴旺的征象。

孔子洛阳的所见、所闻、所感,在他的一生中产生了深远的影响,对他后来建立的儒家学说是具有指导意义的。

坚持不懈地推行政治主张

公元前517年，十月的一天，孔子带着自己的弟子踏上了赴齐国的道路。他仍然乘坐出访洛阳的那辆马车，由子路驾车。

孔子去齐国是有原因的。原来，孔子目睹统治阶级内部为争权夺利进行的残杀，深感调和贵族内部关系的周礼在鲁国君臣那里已被肆意践踏，因而十分愤慨和痛心。

他对违礼的鲁国季氏等3家大夫特别不满，实在不愿与3家大夫为伍。怎么办呢？他忽然想到，听说齐国的贤相晏婴当政，很有作为。齐景公也是一个贤明的君主，到那里也许能有所作为。于是他决定到齐国去碰碰运气。

马车驶出鲁都北门，越过泗河，在深秋的原野上款款行进。极目所至，久旱不雨的景象映入眼帘：土地龟裂，河流干涸，枯黄的小草在秋风中摇曳，苍黄的天底下，散落着几个萧索的荒村。衣衫褴褛的百姓三五成群，挎着讨饭的篮子，带着绝望的神色走在路上。

孔子一行不停地向北走着，地势逐渐高起来，几天以后，雄伟的泰山已经耸立在面前。

他们从山南麓起步,沿着崎岖险峻的山路攀登。一路上,师生们谈古论今,说说笑笑,不到半天,就登上泰山的峰顶。

遥望天地相接的地方,孔子若有所思地说:从前,登上东山,看鲁国就小了。现在登上泰山,看天下也小了。登高才能望远啊!

到达齐都临淄以后,孔子并没有立刻去见齐景公。因为孔子在鲁国虽然已有相当的名声,齐国不少人也听说过他,但在当时等级森严的社会里,孔子"士"的身份还是太卑微了,贸然去见齐景公,很可能被拒绝。所以,孔子就先去拜见齐卿高昭子。

高昭子是齐国大贵族,与田氏同为齐卿,在齐国有很大的势力和影响。他热情地接待了孔子并让他做自己的家臣。因为他早就耳闻孔子的学识,又因当时田氏贵族在齐国的势力日益膨胀,已经威胁到他的地位和权力,收留孔子可以博得礼贤下士的美名,增加自己在政治上的分量。

孔子在高昭子家里安顿下来以后,一面从事教学,一面办理高昭子交代下的事情,同时广泛访问齐国的权要人物,等待齐景公召见的机会。

这期间,孔子还拜访了齐国的国相晏婴,并进行了多次谈话。

晏婴字仲,谥号平,所以后人又称他为晏平仲。他出身于齐国的大贵族之家,在齐灵公、齐庄公、齐景公三代国君统治时期做官,景公时当上齐相,是管仲之后齐国最有作为的政治家。

第二年初春,孔子经高昭子引见,晋见齐王。在后宫见面后,孔子向齐王施以臣礼,齐景公赐坐。

景公问:"稳定天下的大计是什么?"

孔子答："实行清明的政治，用贤惩恶，减轻赋税，助民兴业。"

景公问："教育百姓的良策是什么？"

孔子答："用道德感化教育，用礼教加以约束，能使百姓不但有羞耻之心，而且能改过向善。"

景公问："和谐完美的人际关系是怎样的？"

孔子答："君是君，臣是臣，父是父，子是子。"

景公说："夫子说得好！如果君不是君，臣不是臣，父不是父，子不是子，即使有了粮食，我能吃得着吗？"

孔子强调说："如果失掉君臣礼仪，国将不国，天下大乱。"

景公问："怎样才能富国强兵？"

孔子答："从严治吏、发展生产、节俭，三者结合是强国的关键；从严治军、注重德教、加强训练，为强兵之本。"

景公赞扬道："夫子所谈治国之道言近旨远，切实可行！"

自这次交谈之后，齐景公多次召见孔子论政述志。有一次交谈之余，景公高兴地对孔子说："我想把尼豁封给你。"

孔子推辞说："我对齐国没作出什么贡献，无功不应受禄！"

景公说："你多次为寡人提供良策，这本身对齐国就是一个不小的贡献嘛！"

孔子在齐国住了一年多，希望得到齐景公的信任，给自己一个从政的机会，以便实践自己"君君、臣臣、父父、子子"的理想。可是，一等再等，不仅从政的希望化为泡影，连齐景公当面答应的给予尼豁之地的封赏也落空了。

孔子百思不得其解，不知道什么地方出了差错。后来，真相大白，孔子万万没有想到，阻止景公对他封赏的不是别人，而是他十分敬仰并且无话不谈的晏婴。

晏婴自知不如孔子，怕日后被孔子取代，而向齐王进了谗言。

因为景公和晏婴对孔子越来越冷淡，孔子明白他在齐国从政的希望已经不存在了，就产生了离开齐国的念头。

正在这时，传来齐国某个大夫要谋害孔子的消息，弟子们立即催促他离开这个是非之地。众人七手八脚地收拾好行装，乘车悄悄地离开了临淄。

卓越的政治才能

公元前503年，鲁国权倾朝野的阳货请求孔子去他家做客。他派人传话，希望与孔子当面谈谈。

阳货从青年时代起就做季氏的家臣。这个时候，因办教育而获得成功声名大振的孔子令阳货刮目相看。他想，如果能把孔子拉过来为自己效力，不仅可以带来一批年轻有为的学生增加声势，而且更可以为自己博得"礼贤下士"的美名，实在是一举数得。

尽管孔子热切期望通过从政实践自己的理想，但不愿通过阳货来走上从政之路。阳货并不死心，他知道孔子特别注重礼仪，于是就想了一个让孔子不得不见的办法。他趁孔子不在家的时候，派人将一只蒸熟的小猪送到他家里。

看到阳货派人送来的礼物，孔子立刻明白了阳货的用心。孔子灵机一动，来个以其人之道还治其人之身。他派弟子守候，在得知阳货出门后，立即去他家回拜。正当孔子离开阳货的家、为了结一桩心事而高兴地回家的时候，却在途中遇到了阳货。

阳货执意要求孔子参与政事，孔子始终表情冷淡，不予理睬。后来，阳货纠集一批与"三桓"积怨很深的旧贵族，密谋把"三桓"的权力统统夺取到自己的党羽手中。他的如意算盘是：以季寤取代季桓子，以叔孙辄取代武叔，以他本人取代孟懿子。

他们计划于八月三日在鲁都城东门外的圃田设享礼宴请季桓子，乘机把他杀掉。第二天再攻打孟孙、叔孙两家，同时下令城郊的部队整装待命。为了转移"三桓"和国人的视线，阳货首先策动自己的党羽、当时担任季氏费邑宰的公孙不狃发动了叛乱，向季氏发出了重重的一击。

八月三日，阳货一行人先到圃田预备一切。行进途中，季桓子发现自己已处于非常危险的境地，只好求救于驾车的林楚。

原来，阳货的阴谋活动早就引起孟孙氏成邑宰公敛处父的怀疑，孟懿子得知消息后，立即提前做准备，孟府内外，严密设防，昼夜警戒。这一变故打乱了阳货的阴谋计划，他只得提前发动，不等城郊的部队赶到，就临时劫持了鲁定公和大夫武叔，率兵向孟府猛攻。

此时，早已做好准备的孟孙氏成邑宰公敛处父率兵赶来，猛攻阳货党羽盘踞的南门，未能奏效。又转而进攻南门外的棘下，把集中在那里的阳货的部队打得溃不成军。阳货见大势已去，就率领残兵败将退守灌邑，即今山东宁阳北，不久再退守阳关，即现在山东泰安南。公元前501年，鲁军进攻阳关，阳货彻底失败，逃到齐国。

孔子基于这次事件对鲁国造成重大危害的认识，决定对社会举办一次开门讲学，向学生和社会上各方面人士专题评析阳货叛乱事件。

冬季的一天上午，杏坛的学堂里挤得水泄不通。除了学生，还有民间的有识之士、鲁国官吏。

孔子评析了阳货叛乱事件的原因，一是有位压朝堂的政治野心，他不甘于再继续长期做相国府的家臣，欲取代相国职权；二是认为发动叛乱的时机已经成熟；三是认为自己已羽翼丰满。

孔子评析了阳货叛乱事件的过程，认为阳货为了使反叛成功设计了4步险棋。

第一步，先搞拉拢分化。他依仗手中的军权，强迫鲁定公和国家最高层官吏，即新任相国和两位继任的上卿大夫，在周社盟誓，同国人在亳社盟誓，还在五父之衢祭神，以便在必要时让其他所谓观望者加入。

第二步，做好供应准备。他把齐国归还的从前侵占的鲁地据为己有，既测试有无反对者，又在此地扩兵练武，聚敛粮财，以作军资。

第三步，设计圈套。阳货和他的弟弟阳越密谋设圃田宴，想借季孙桓子赴宴之机，先杀害相国，然后再将孟孙、叔孙二位上卿大夫一网打尽，一举独霸国家权力。

第四步，发起叛乱。季孙相国应邀赴宴途中，看出了阳货的杀机，转而奔至附近的孟孙大夫家中避难，乘车去请相国赴宴的阳货和阳越便追杀至孟孙府前，孟孙大夫命武士、家丁奋起抵抗。好在阳货当时手下兵丁不多，阳越等数名兵丁被乱箭射死。阳货被迫退逃，暗自调兵去了。这时，季孙、孟孙、叔孙三家的武士、兵丁迅速聚集，趁阳货还没来得及调兵入城的时候，合力攻打阳货在都城内的据点，打败了阳货，阳货连夜逃至灌邑。

孔子赞扬了季孙、孟孙、叔孙3位上卿大夫一致请求国君发兵平叛的做法，肯定了定公派申句须、乐顾两位将军率兵平叛，孔子认为两位将军英勇善战，经多次激战，先后将占据灌邑、阳关两地的阳货的士兵打败，阳货无奈，逃至齐国又逃至宋国、晋国。就这样，阳货叛乱事件被平息了。

孔子还评析了阳货叛乱事件的危害。他认为，阳货叛乱的危害是显而易见的，开创了破坏周天子礼制、不仁不义、以下犯上的最坏的典例，破坏了鲁国社稷的稳定，给国家和黎民百姓造成了重大生命、财产损失，损害了鲁国在各诸候国中的文明形象。

在讲学的最后，孔子发表了自己对平定阳货叛乱事件的感悟。

第一，国君接受季孙、孟孙、叔孙3位大夫的建议，发兵平叛，是英明之举，没有国君的决策，最终彻底平叛是不可能的。

第二，季孙相国去圃田赴宴途中，洞察出阳货的阴谋诡计后迅速转至孟孙大夫府中，孟孙大夫及时指挥武士、兵丁反击阳货，叔孙大夫及时派兵解围，相府兵丁相继赶来助战，3位大夫合兵击退了阳货，3家联合抗敌为平叛提供了前提。

第三，用周公的礼治，教化官吏兵士、黎民是国家长治久安的基础。要通过教育，使所有的官吏都遵守国家礼制和仁义道德，做到食君之禄，忠君之事，谋民之利。如果有哪位官吏发动叛乱，政界、军界、百姓均奋起反对，就能遏制叛乱事件的发生。

第四，国君和国家的高级官员宜教育各级官吏勤政为民、廉政为民，使百姓倾心拥护，维护稳定。

第五，从严治政、从严治军，是铲除叛乱的基础。

第六，为政之道在于用人，用人是关系国家兴衰和黎民百姓生死攸关的大事。选拔优秀人才担任各级官吏，国家就会兴旺发展，百姓就会安康幸福。选用坏人、庸人从政，国家就会混乱、百姓就会遭殃。因此，只有大量重用文能治国、武能安邦的贤才，才能确保国家稳定繁荣。

孔子讲完了，热烈的掌声、议论声交织在一起。孔子的声名日渐高涨。

为国为民从不谋私利

公元前501年的下半年，51岁的孔子接受鲁国政府和季氏的聘任，担任了地方官中都宰。中都位于现在山东的汶上县与梁山县之间，辖区约等于一个县。

孔子上任不久，一次微服私访，见一个正在宰羊的中年男子边干边骂，便走到他面前，问其何故。

那男子说："沈犹氏靠行贿，买通邑宰的差役程嬭，为其撑腰。3年来，他欺行霸市。从外地低价贩羊，草料中掺盐，羊喝很多水后，再赶到集市去卖。你看，我宰的这只羊，是家里的人买的，掺的水少说有7斤。"

一天，孔子带子路、子贡来到中都猪羊市场上，只见一个人不停地叫卖。孔子断定此人是沈犹氏，暗自一问赶集人，果然不错。子贡来到沈犹氏的羊群里，一连摸了几只羊的肚子，问："你这羊是真肥还是假肥？"

"难道我能在活羊体内掺水？"

孔子从羊群中随便挑出一只，对大家说："闻听沈犹氏用盐拌草料喂羊，羊因此大量饮水。我买下这只，当场宰验，哪位帮忙？"

前几天遇到的那个宰羊的中年人走过来说:"我宰这只羊!"

不一会儿,就宰完了,放在案板上的羊肉,从刀口处不断淌出水,过了一会儿再称,一下子少了4斤。

孔子当场宣布:

> 良商当励,奸商应惩。沈犹氏贿赂贪利,欺行霸市,贩羊喂盐,坑害百姓,助长商贾欺骗之风。如其再犯,严惩不贷!

播谷时节,孔子率弟子在中都野外观察农田,发现到处尘土飞扬,耕过的土地极其干燥,未耕的全部干裂,均无法播种。孔子向几位老农请教:"如此干旱,怎么播种?"

"中都是平地,只要多掘井,就能浇上水,还愁不能播种?"

"既然这样,为什么多年没有掘井修渠呢?"孔子又问。

"战争不断,哪有人干?赋税沉重,连年饥寒,谁有力气干?"老农说。

孔子说:"我去启奏国君,开仓赈灾。"

其他农夫一听一起跪谢:"您为民着想,不愧是中都贤明的父母官!"

孔子回到邑署,给国君写了奏章。鲁定公阅后,当即批准。孔子立即下令,开仓赈济中都饥民。

中都农民有了粮食和工具,家家户户齐出动,很快,一口口井挖成了,一条条沟渠修成了,中都大地普遍浇上了水。到了谷雨时节,中都的农田已普遍播上了高粱和谷子等农作物。

孔子并没有因此而满足,继续视察民情。他发现有些无业游民和闲散人员生活得仍很困苦。于是,发布告示,令富豪大户出钱兴办作坊，接纳贫困百姓劳作。他还安排署吏和弟子下去督办此事。

不久，一批制陶、木工、纺织作坊办起来了。一些贫困人家的男女也有饭吃、有活干了。作坊所产器具和纺织品销往鲁国周围的邻国，邻国客商往来不断，中都成了经商的繁华场所。

公元前500年初春的一天，孔子告别夹道欢送的中都黎民百姓，奉旨返都。

回到鲁都曲阜，第二天早朝面君。鲁定公赞扬孔子道："孔爱卿仅用一年时间，就把中都治理得五谷丰登，稳定有序，足见施政才能非凡，寡人愿闻其详。"

孔子说："丘不过凭借周天子和主公的德威、旨意，诚实推行了周公制定的礼制，'明德慎罚'，并以'仁者爱人'的心态，听民所呼，想民所想，做民所需。"

鲁定公问孔子："此时此刻，你在想什么？"

"回禀主公。我现在想一如既往。为了实现天下为公的目标，丘认为，鲁国作为周公封地，在各诸侯国中应做推行周礼的带头者。作为我个人，愿和诸位大夫一起，为把鲁国治理得国泰民安，繁荣文明而竭尽全力，在所不辞！"

鲁定公说："'天下为公'，太好了！寡人委任你为司空，管好全国建筑之类的事业，相信你会有更大的作为！"

这一年，孔子就任司空。一上任，就与下属一起研究国家建筑领域的工作。很快，孔子升任鲁国大司寇。上任伊始，孔子遇上了三件积存下来的杀人案。3个杀人犯皆于当日被捉拿归案，审清问明，画供之后，被打入死牢，听候发落。

第一件案件是李大虎杀人案。大夫李森的儿子李大虎因与赵泗之父赵良老汉发生口角，杀死赵良。李森大夫找孔子，向儿子说情，请求为自己的独生子留条生路。

孔子说："你我是同窗好友，少儿之时，我家贫困，你时常给我帮助，你对我的深情厚谊，丘终生难忘，也会厚报。只是在这件事上，不便通融。李兄静思，你我都是国家的大夫，都被人称为君子。如果咱两人因私枉法，不都变成伪君子了吗？况且，国法也不允许啊！"

"难道你真的这么绝情？"

"无可奈何呀！"

第二天，叔孙大夫亲赴大司寇府为表侄李大虎讲情。孔子说："叔孙大夫是国家重臣，又与李大虎是亲戚，如不是人命关天，自然可以从轻发落。对李大虎这样的杀人犯如不处死，你我怎向文武百官和黎民百姓交代？"

第二件案件是鲁都财主陈大富的儿子陈欧根逼债杀人案。陈财主向孔子行贿1000两银子，欲挽救儿子的生命，孔子当即拒绝。

第三件案件是鲁都南郊地痞侯发为霸占邻村的岳秀娥，害死岳秀娥的丈夫。侯发的父亲侯敬于儿子被打入死牢的第二天夜里去孔子家里求情，并送上一名17岁的容貌美丽的少女，提出以她换取儿子的一条命。孔子怒斥侯敬的可耻做法，并当面拒绝。

孔子任司寇的时间仅3年，在这期间，他怀着对国君的忠诚，尽职尽责地履行自己的职务，使鲁国在治安上出现了新局面。

他以身作则，忠心为国，不谋私利，努力实践自己恢复周礼的政治理想。他希望鲁国从此振作起来，自立于列国之林，成为各国仿效的榜样。

孔子的政治理想及其从政实践表明，他是一位有理想，讲原则，多谋善断，具有处理复杂问题能力的卓越的政治家。

无与伦比的外交智慧

孔子在担任司寇期间，参与了一次重大的外交活动，这就是鲁国与齐国的夹谷会谈。

鲁国作为一个小国，在春秋列国争霸的形势下，只能在大国的夹缝中艰难生存。齐桓公称霸时，鲁国与齐国结盟。齐国霸业衰落后，晋国崛起，并进而成为中原地区的霸主。

鲁国又背齐向晋，寻求新的保护。结果触怒了齐国，双方不断发生战争。到鲁定公当政时，晋国的霸业开始衰落，而齐国已从齐桓公死后的混乱中挣脱出来，国力逐渐恢复，成为中原地区与晋国分庭抗礼的主要力量。

齐国为了对付晋国，当然不希望距自己最近的鲁国成为敌对势力。所以在用战争手段给了鲁国一些打击之后，又企图用会盟的办法将鲁国拉拢过来，至少让其变成对自己无害的中间力量。

孔子的能力和政绩在齐国引起了强烈反响。齐景公、相国晏婴、上卿大夫黎鉏一致认为，鲁国富强必然会对齐国构成威胁。

景公心烦意乱，苦于无策；晏婴年老病重，心力不足；黎鉏奸佞得志，急于邀宠腾达。

黎鉏绞尽脑汁，想出了一套"抑制鲁兴"的对策，便与国君、相国商议。他认为齐、鲁两国国君宜在夹谷会盟。

借会盟，与鲁国重修旧好，防止鲁国强大后对齐国报复；借会盟，震慑羞辱鲁君，使孔子无计可施，威信扫地，得不到重用，从而瓦解其兴鲁壮志；借会盟，还可以订立使鲁国长期依附齐国的盟约，使齐国从前占领的鲁地合法化。一举三得，何乐而不为呢？

鲁国君臣也敏感地觉察到，已经衰落的晋国无法提供对自己的保护，不如在齐晋之间保持中立以求得生存。

出于外交斗争的需要，齐国主动向鲁国发出了会谈的邀请。夹谷是一座山的名字，又称祝其，在今山东莱芜与新泰交界处，也是泰山和沂山两大山脉的交会处。当时属于齐国南部边境地区，与鲁国的北部边境相接。齐国灭掉今山东昌邑一带的莱国后，将莱国人迁到这里。

公元前500年，齐景公率领晏婴等一批臣子和其他随行人员来到夹谷。鲁定公用孔子担任襄礼，也带领一大批随行人员赶来参加会谈。

孔子知道，夹谷之会对鲁国具有至关重要的意义。接受襄礼的任务后，孔子从最难处考虑，做了充分的准备工作。

定公接受孔子的建议，使左右司马率精兵前往。会谈的准备工作是由齐国人负责的。他们在夹谷山南麓一块平坦的空旷之地上筑起3层土台，作为会谈的场所。台子两边建起简易的房舍，作为双方人员的住所。

会谈正式开始的那天，台上陈设几案座席，土台周围插满旗帜，手持兵器的士卒围台而立，齐鲁两国的官员在台上相向列队站立，一派庄严肃穆的气氛。两国的襄礼官并排站立台下，共同指挥这次会盟。

按照程序，齐景公与鲁定公分别由东西两边登台，行礼后，双方随行官员献上见面礼。这时，齐国襄礼官上前几步，高声对两位国君说："请允许演奏四方之乐。"

齐景公说："好！"话音未落，急促嘈杂的鼓乐齐鸣，一群身着奇装异服的莱人，手持五颜六色的旗帜和矛、戟、剑、盾等兵器，鼓噪着向台上冲来。

孔子见此情景，明白是齐人做的手脚。于是他一面命令立于台下的鲁国士兵把莱人阻挡在台下，一面一步两个台阶地迅速登上土台，在齐景公面前一揖，平静而严肃地说："我们两国国君为修好而在这里相会，为什么要表演这种夷狄之乐？请您命令他们撤下去！"

齐景公心里发虚，只得下令让莱人退下。台上台下稍稍恢复平静后，每个人都回到既定位置，孔子又退到台下。

这时，齐国相礼官又前进几步，对景公说："请演奏宫廷乐舞。"

景公答应后，鼓乐齐鸣，一群穿着华丽、打扮妖冶的舞女在滑稽可笑的一伙侏儒的伴随下，款款登台，在两国国君面前翩翩起舞。

鲁定公及鲁国将士们越听越坐不住了。原来，舞女所唱的这首诗，是揭露讽刺齐襄公的妹妹文姜嫁给鲁桓公之后，仍借机回到齐国，与哥哥私通乱伦的丑恶行为。

孔子大喝一声："停止演唱！"

霎时，盟坛上异常寂静。孔子怒气冲冲地说："众所周知，文姜的行为是给齐鲁两国抹黑的！在这庄严友好的气氛中，这些下贱女流竟敢演唱这首诗，戏辱两国国君，罪不容诛。既然两国已结为

'兄弟'，'睦邻友好，互帮互救'，本相礼决不食言废盟!"

说完，他以目示意申、乐两将军上坛，指着领唱、领跳的两位女子，打了一个手势。

齐国还没醒过神来，两将军上前各揪一女，推至坛前，分别挥刀砍掉了两女的头颅，并将尸体推下坛去。齐国舞女吓得抱头逃跑。

孔子躬身施礼后，再次质问齐国君臣："齐作为泱泱大国，为何如此偏离周公礼仪？难道就这样展示自己国家的形象？"

齐国无言以对。为了消除齐国君臣的窘态，孔子示意鲁国演出歌舞。悠扬的韶乐飘扬于夹谷，婀娜多姿的宫娥跳起欢快的舞蹈，唱起感人肺腑的《会盟颂》。当天晚上，齐国君臣坐在灯光下，重新慎重商量可供第二天提交的盟约建议草案。

在两国《盟约建议草案》中，有些关于两国关系基本原则的条文，大体上是一致的。经协商，双方很快就达成了共识。

会盟结束后，齐景公为缓和一下紧张的气氛，就发出邀请，准备款待鲁定公君臣一行。

孔子为了防止发生意外，婉言谢绝了景公的邀请，同时还对齐国大夫大讲了一通谢绝赴宴的理论根据，直截了当地指出了齐国君臣在礼仪问题上的无知。齐国只得取消了举行襄礼的打算。

夹谷之会上，齐国的所有阴谋都破产了，不仅没有占到什么便宜，反而落了个违礼的恶名。齐景公垂头丧气地回到临淄后，把满腔怒火都倾泻到他的臣子身上，气愤地斥责他的群臣说："鲁国的孔子用君子之道来辅佐他的国君，而你们却用夷狄之道来辅佐寡人，不仅使我丢了脸，还得罪了鲁国国君，你们看怎么办？"

有一个臣子说："按照礼仪，君子有了过错就用实实在在的礼物表示歉意，仆人有了过错就以谦恭的言辞表示谢罪。您如果想对鲁君表示悔过之意，不妨送他最希望得到的东西。"

齐景公斟酌再三，决定归还齐国侵占鲁国的郓、汶阳和龟阴3个地方，传递了谢罪和维持盟好关系的意向。

夹谷之会，是孔子参与策划并具体指挥的一次重要的外交活动，以刚经过阳货之乱的小国，面对东方第一强国齐国，居然取得了少有的外交胜利。

为国家稳定献计献策

春秋后期,鲁国的实权操在"三桓"手中。季孙氏筑费邑,即现在山东西北,叔孙氏筑郈邑,即现在山东正北,孟孙氏筑成邑,即现在山东东北,他们城墙的高度超过了周天子都城城墙的高度,其目的在于加强各自的军事实力。

鲁国"三桓"是实力最大的大夫,他们通过"三分公室"、"四分公室",全面控制了鲁国的政权。三家大夫轮流担任鲁国执政,鲁国国君成了有名无实的傀儡。但是,这些大夫们的属地也不平静。因为他们大都担任公职,住在国都,采邑一般委任家臣进行管理。

这些家臣利用手中的权力全力经营采邑,违制建筑坚固的城堡,扩大私家武装。一旦他们野心膨胀,就可能或者控制大夫、专断国政,或者据城谋反发动叛乱,不仅形成对大夫的威胁,而且也构成对整个诸侯国的危害。

季氏家臣阳货之乱和公孙不狃据费邑发动的叛乱,就是两起典型的事件。

孔子认为,根据周礼,制定礼乐、决定征伐应该是周天子的权力。

现在，不仅周天子大权旁落，不少诸侯的权力也被大夫甚至家臣窃夺，这是社会不安定和战乱频繁的根本原因。因此，要想恢复秩序，实现国内和平，关键是在天下恢复周天子的权威，在各诸侯国恢复国君的权威，削弱大夫及陪臣们日益膨胀的权力。

孔子看到，在鲁国实现这一目标的第一步，是同3家大夫合作，完成对季氏费邑、孟氏成邑和叔孙氏郈邑的平毁。孔子思谋，平毁以上3城既消灭了家臣的势力，也在一定程度上削弱了3家力量，并且可为进一步削弱三家，为鲁君夺回全部权力创造条件。

公元前498年夏天，孔子经过周密的考虑，并与担任季氏总管的子路通盘计议后，向鲁定公正式提出平毁3座城邑的建议。平毁3城的计划在利益各方获得通过后，孔子十分兴奋，就将军事方面的谋划交给自己的学生子路去协调执行。

首先平毁的是叔孙氏的郈邑。由于侯犯的叛乱已经平息，叔孙氏的郈邑宰感到无力对抗这次军事行动，就乖乖地服从了决定。

这年夏秋之交，叔孙武叔亲率一支队伍来到郈邑，指挥平毁了该城坚固的防御设施。郈邑平毁后，季桓子立即筹划攻击费邑。此时，因得知郈邑被平毁而惊恐不安的公孙不狃、叔孙辄先发制人，率领费邑的叛军奇袭鲁都。

公孙不狃、叔孙辄与亲信们密谋反叛进攻都城事宜。会议刚开完，一兵士急报："相国信使季氏宰子路求见。"

公孙不狃下令："诸位兄弟暂去隔壁，命几名壮兵士来到公堂，看眼色行事。"

子路走进戒备森严的公堂，施礼说："季氏宰参见二位，并有急事通告。郈邑宰犯上作乱，主公已令申句须、乐颀两将军前往郈邑剿灭叛军，侯犯必来贵衙求救。相国令二位按兵不动，为国分忧，听候调遣。相国大人特命我专程送达亲笔信函，请二位过目。"说完，递上相国书信。

公孙不狃看过信札，递给叔孙辄。叔孙辄阅后说："鄙人定照相国的命令办。季氏宰一路辛劳，请去客馆休息！"

子路再度施礼说："谢二位！仲由告辞，返回复命！"

两人"热情"地把子路送至衙门外，子路飞马而返。

两人回衙内公堂的路上，不约而同地狞笑起来，公孙不狃说："速唤兄弟们到公堂！"

公孙不狃迫不及待地对自己的亲信说："兄弟们，我们享受荣华富贵的时候到了！现在，国君、相国、大司寇还摸不透咱们，申、乐已率兵至郈邑讨伐侯犯，鲁都正好是一座空城。现在，我命令：'今日午时发兵，明晨攻占都城。按既定计划，除留下孔子及其弟子，上至昏君、三桓，下至都城诸官，一概杀之。然后，与郈邑宰合击申、乐，战而胜之。事成之后，论功行赏。大家各就各位，听到鼓声，按既定计划发兵！'"

这群亡命之徒全是公孙不狃任费邑宰时的亲信，一听到命令，个个如疯狗豺狼，急奔自己率领的战车。

次日四更天，叛军已到达鲁都东郊，由于连日训练和连续急行军，叛军已累得筋疲力尽，加之天黑，攻城不便，公孙不狃下令："摆好攻城队形，原地休息，养精蓄锐，待黎明时分，一鼓作气，占领都城！"疲惫不堪的叛军刚一躺地，便睡着了。

在这千钧一发之际，孔子命鲁国大夫申句须、乐颀率援兵赶来。

经过一场激战，叛军向东南溃败，鲁国军队和平民穷追不舍，在姑蔑，即现在山东平邑、泗水之间又经过一场激战，叛军被彻底打垮。公孙不狃和叔孙辄逃往齐国。鲁军和季氏家兵乘胜进攻费邑，平毁了这座城堡。

平毁3城的计划后来中途停止，未能取得最后的胜利。

立纲治国颇有建树

54岁的孔子由司空升任大司寇之后,他走进大司寇府,心情愉快,面露喜色。

子路问:"常言道:'君子遇灾祸不忧,逢好事不喜。'老师为何升官即乐呢?"

"你说的没错。但你只知其一,不知其二。可能你还没听说这样的话:'君子居高位而敬重低于自己的人是乐事,君子以权惩恶也是乐事!'"

子路又问:"如此说来,您最近可能以大司寇的名义惩治恶人?"

孔子首肯道:"你说的没错!"

夹谷会盟之后,孔子名声大振。少正卯嫉妒孔子,就想方设法破坏孔子的计划。

他策动"三桓"势力拒绝平毁费邑,并发动了叛乱。在郈邑遭毁前夕,少正卯暗自派人在城外向郈邑城内射箭,箭头上系的白绢上写着"坚守拒隳"4个字。在是否平毁成邑城的问题上,少正卯则使用两面手法,从中捣乱。

平毁费邑、郈邑之后,孔子掌握了少正卯幕后活动的不少证据,向鲁定公密奏少正卯破坏平毁3城的情况。他最后说:"鲁国不振,原因是忠臣和奸佞不分,奖惩制度没有建立起来。为保护庄稼更好地生长,必须除掉野草。愿主公切勿姑息养奸,传旨取出太庙中用于斩刑的兵器,放在两观台下。"

鲁定公说:"好,就这么办!"

第二天,鲁定公让群臣商议平毁成邑的利害关系,并责成大司寇孔子裁决。

少正卯故意迎合孔子开始时提出的平毁3城之意,说:"鉴于费邑、郈邑已平毁,成邑城也当平毁,这样可以使跋扈的家臣无所凭借,也可平衡三家心理,避隳二留一之嫌。"

孔子启奏道:"少正卯所言别有用心!成邑已处于孤立的形势,怎能再平毁呢?何况成邑宰公敛处父忠于公室,怎能说他是'跋扈家臣'?"

孔子略微停顿,接着说:"前些日子,我下令平毁成邑时,少正卯暗自让公敛处父拒绝平毁,向我陈述的理由是:'成邑城是鲁国的北大门,有抵御齐军入侵的作用。'我念公敛处父以礼对待隳城鲁军,且无叛乱言行,奏请主公批准,没有平毁此城。少正卯明知详情,今日信口雌黄,离间君臣,居心险恶,按律当斩!"

鲁定公说:"少正卯是鲁国名人,言有不当,也不应诛!"

几个大夫为少正卯求情。孔子复奏:"鉴于众卿不知少正卯底细,臣有必要道破其天机:暗自策动费邑宰叔孙辄和公孙不狃起兵叛乱的是他,暗自指示郈邑宰侯犯'坚守拒隳'的是他,在成邑隳与不隳问题上玩弄两面三刀手段的是他。少正卯言论偏颇却辩才无碍;行为怪僻而意志坚定,内心险恶却深藏不露,以广博的学识掩盖其邪恶,对作恶的人广施恩泽。对少正卯这样以虚名惑众之人,不诛之难以为政。我的职务是大司寇,应维护法律尊严,请主公正斧钺之典，以儆效尤！"

鲁定公大声说："准奏！将乱政大夫少正卯就地处斩！"命力士捆绑少正卯，在两观台下将少正卯斩首，并暴尸3天。

自诛少正卯之后，孔子的作用得以正常发挥，鲁定公与"三桓"皆虚心听取孔子的意见。从此，孔子立纲陈纪，施教礼义，整顿官风民俗，3个月之后，鲁国的风气大为好转。不过，也有不同的议论。

有人说："少正卯曾与孔子同时在鲁都讲学，多次把孔子的学生吸引到自己门下，致使孔门'三盈三虚'。孔子诛少正大夫是公报私仇！"

子贡将听到的议论告诉孔子，并问："少正卯是鲁国名人，你刚执政不久就杀了他，这样做妥当吗？"

孔子说："黎民百姓不了解真相，说三道四，在所难免。我已命差役在城乡张挂诛少正卯的文告，公布其罪恶，让大家有所认识。这关系国家稳定的大局，绝非其他原因。应懂得这样一个道理：小人成群结党，是值得忧心防范的。国君诏示天下的动乱罪有5条，具一罪即可杀，而少正卯五罪俱全，经常以邪恶之言蛊惑民心，聚各方势力为己所用，实在无法饶恕。"

孔子又说"今日不诛少正卯，将来鲁国必生祸患。商汤杀尹谐，文王杀潘止，周公杀管叔，姜尚杀华仕，管仲杀付乙，子产杀邓析史付，与我诛少正卯是一个道理。"

子贡说："原来老师奏明主公，捕杀乱政大夫少正卯，是为了鲁国的江山社稷啊！"

为求政治发展离开鲁国

公元前497年，阳春三月，春光明媚。这本是个充满希望的季节，孔子却不得不离开生养他的父母之邦，为了保持自己清高的人格，也为了寻求新的从政机会，孔子开始了为期14年周游列国的生涯。

周游之前的形势是，齐景公君臣在夹谷会盟的时候看到了孔子的谋略和外交才干，深感孔子在鲁国做高官对齐国不利。犁弥向景公建议，先想办法阻挠孔子继续执政，这个办法如行不通，再采取送地的计策。

齐国挑选了80个妙龄美女，给她们制作了许多华贵飘逸的服装，并训练她们演练"康乐"舞。又挑选了膘肥体壮的120匹骏马，作为礼物，郑重其事地连同美女一起送到鲁国。

为了怕人议论，"三桓"没有马上举行接收仪式，先将美女和骏马在鲁都城南的高门安顿下来。

季桓子为避人耳目，打扮成普通百姓，差不多天天跑到高门观赏齐国美女的表演。受命前来赠送美女和骏马的齐国使者看在眼里，喜在心头，对季桓子说："大夫觉得这些礼物如何？可以举行赠交仪式了吧？"

季桓子连声称赞："美极了！美极了！"接着压低声音诡秘地说："等我将国君拉来观赏一番，再举行也不迟。"

第二天，季桓子入宫见鲁定公，请他出城在周围地区进行一年一度的例行视察。齐国送舞女骏马之事正传得满城风雨，鲁定公很想前去观赏一番，可又难以启齿。现在季桓子一请，鲁定公想何不借此机会去看看呢，就痛快地答应下来。

鲁定公与季桓子一起乘车直奔高门外。已经做好准备的齐国舞女在悦耳的音乐伴奏下正翩翩起舞，鲁定公目不转睛地看着，忘了自己的身份，也忘记了时间的早晚，眼中只有舞女的倩影，耳中只听到美妙的旋律。

一连几天，鲁定公都不理朝政，连一些必办的政务也一概推掉，只沉溺于观赏美女。此事引得朝野议论纷纷。孔子和他的弟子们心急如焚。子路明白，孔子继续留在官位上实在是难以有所作为了。

孔子尽管也知道事已不可为，但仍不愿意马上离开：鲁国毕竟是自己的父母之邦，这里有自己的妻子儿女，刚刚开始的从政生涯也留下事业的辉煌，只要还有一线希望，就应该继续努力去争取。然而，最后一点希望也破灭了，孔子决定离开鲁国。

孔子和弟子们商量离开鲁国后的去处，子路建议到卫国去。孔子也认为卫国是一个可以去的地方，卫国与鲁国相邻，同为姬姓，算是兄弟之邦，平常两国的交往比较多，孔子的大名也早为卫国朝野所知晓。

孔子安排好家事，安顿好留下的弟子，便带领自愿随行的子路、子贡、颜回、冉有、宰予、高柴等学生走上了通向卫国国都帝丘，即现在河南濮阳的大路。

这时，正值夏历二月，春风已使田野披上绿装。渡过濮水，进入卫国国都的郊区，只见农田整齐，庄稼茂密，村庄点缀其间。孔子不由得赞叹道："这里的人口真稠密呀！"

驾车的冉有回过头来问道："既然人口已经多了，还应该再做些什么事呢？"

孔子说："使人民富裕起来。"

冉有又问："富裕以后再做些什么事呢？"

孔子说："教育他们。"

到达卫国国都后，先住在子路妻兄颜浊邹的家里。子路、颜仇由与卫灵公的宠臣弥子瑕取得联系，希望由他引见孔子拜会卫灵公。

几天后，卫灵公召见孔子，问："你在鲁国做官时有多少俸禄？"

孔子回答说："俸米6万斗。"

灵公十分痛快地说："我也给你6万斗。"

跟随孔子的学生们见孔子有了安身之处，都很高兴。

子路尤其高兴，问孔子道："卫国的君主若让你去治理国政，你首先干些什么？"

孔子略为思索了一下，说："我以为首先要纠正名分。"

子路不客气地说："老师未免太迂腐了，这有什么纠正的必要呢？"

孔子说："君子对他所不知道的只有疑在心中。名分不正，道理也就讲不通；道理不通，事情也就办不成；事情办不成，国家的礼乐教化也就兴办不起来；礼乐教化兴办不起来，刑罚就不会得当；刑罚不得当，老百姓就会不知如何是好，连手脚都不晓得往何处摆了。所以君子用的名分，一定要有道理可以说得出来，讲出来的道理也一定要行得通。"

从此，孔子师生一行人在卫国安顿下来。但是卫灵公并没有给孔子安排具体职务，因而，孔子整天除了教学活动就是会会朋友。

不久，有人向卫灵公进谗言，说了孔子不少的坏话，卫灵公就派人监视孔子的行踪。正所谓事有凑巧，卫国已故大夫公叔文子是一个贤人，孔子来卫国前就知道他的大名。

孔子这次来到卫国，对不少人常常谈起公叔文子，并有意识地寻访他的嘉言懿行。谁知孔子的这种言行触犯了卫国的大忌。

公叔文子虽然以贤智闻名，但继承其大夫之位的儿子公叔戌却不是一个安分守己的人物。他与卫灵公的夫人南子对立，密谋诛除南子党羽，事发而被驱逐出国都。他逃到自己的采邑蒲，即现在河南长垣，准备发动叛乱。这事发生在孔子到卫国不久。

孔子到卫国后，因住所被监视，使孔子难以忍受。孔子和学生们商量一番，担心继续留在这里会出事，便决定尽快离开。

拜神童项橐为师

孔子一生都虚心向学，他认为人各有长，谁都可以成为别人的老师。在中国著名国学启蒙读物《三字经》上曾经记载："昔仲尼，师项橐。"讲的是孔子对神童项橐的才学赞叹不已，拜项橐为其老师的故事。

那还是在孔子率领众弟子周游列国的时候。有一天，孔了一行人正走在河南的地界上，只见这里林木茂盛，流水潺潺，空气里弥漫着各种花香，伴随着林间阵阵鸟鸣，让人心旷神怡。

孔子不禁感叹："天下竟有如此所在，好一处人间胜景啊！"

孔子边走边欣赏沿途风景，不知不觉来到了新洲道观河南面的旧街境内。就在他们走出街南不远的时候，车夫突然勒住了缰绳，停了下来。

"为什么停车？"孔子问道。

"回夫子，前面有几个小孩，挡住了去路。"

"喂！小孩儿，你们看见车来，为何还不让道？"子贡忙跳下车，不怀好气地问道。

"为什么要让道？你们就不会绕道吗？"站在车前的孩子说。

听到子路与小孩发生了争执，孔子便走下车来。他看见路上有3个小孩。其中的两个孩子在一起玩耍，而另一个小孩则一边独自玩耍，一边与弟子理论。孔子觉得奇怪，就走上前去问道："你为什么在旁边站着，而不和大家一起玩呢？"

小孩很认真地回答："激烈的打闹能害人的性命，拉拉扯扯的玩耍也会伤害人的身体；再退一步说，撕破了衣服，也没有什么好处，所以我不愿和他们玩，这有什么好奇怪的呢？"说着，那小孩儿仍继续用泥土堆城堡，自己则坐在里面，好久不肯出来，也不给孔子他们让路。

孔子忍不住又问道："你坐在里面，为什么不避让车子？"

"我只听说车子要绕城走，没有听说过城堡还要避车子的！"孩子说。

孔子非常惊讶，觉得这么小的孩子，竟如此能言善辩，于是赞叹地说道："你这么小的年纪，懂得的事理真不少呀！我给你出一个问题，如果你答不出来，就给我们让道，好不好？"

"你出吧！"小孩毫无惧色。

"你听好了，"孔子问，"父母与夫妻孰亲？"

"夫妻亲。"小孩答道。

"不对，父母亲。没有父母哪有后代！"

"夫妻亲，没有夫妻，哪有父母！"

他们各执一理，谁也说服不了谁。

孔子说："父母从小抚育儿女，衣食住行、吃喝拉撒、教育成人、传道授业，哪样不操心！父母当然亲。"

小孩理论起来头头是道："夫妻也，恩恩爱爱，男耕女织，同眠共枕，相濡以沫，爱意绵长，白头偕老，永不分离。一日夫妻还百日恩呢！当然夫妻亲。"

孔子心想,"君子无所争",便道:"我还有重要的事情,你赶紧让开道吧!"

小孩理直气壮地说:"请问先生,自古以来,是城应该让车,还是车应该让城?"

子路在一旁不耐烦地说:"你这算什么城池,只是小孩子们玩的游戏!"

"就是城池!"

僵持了一会儿,小孩自觉理亏,问道:"你们有什么要事吗?"

"周游列国,传道授业啊!"孔子说。

"传道授业就得有真本事和真才学,您都知道一些什么呀?"

孔子答道:"不是我夸口,上至天文,下至地理,什么事我都略知一二。"说完,孔子边感慨,边向前走着。

这时,子路看见路边有一农夫正在锄地,子路便故意问道:"您在做什么?"

农夫答道:"锄地。"

"看你忙忙碌碌的,你手里的锄头每天能抬多少下?"子路问。

看见农夫一时答不出这个问题。那小孩从后面跑过来,答道:"我父亲年年锄地,当然知道手里的锄头每天抬多少下,先生出行乘车马,也一定知道马蹄每天抬多少下吧?"

子路顿时无言以对。孔子见这个小孩聪颖机敏,便说:"你这小孩才智过人,现在你我各出一道题,让对方来答,谁胜了谁就是老师,怎么样?"

小孩说:"不可以戏弄我。"

孔子说:"童叟无欺。"说完,孔子开始出题:"人生在世,常常看到日月星辰的光辉,土地里生长着五谷,才能养育众多的生灵。现在我问你,天上有多少颗星星,地上生长多少五谷啊?"

小孩答道:"天高不可丈量,地广不能尺度,一天一夜星辰,一年一茬五谷。"

稍一停顿,小孩问:"人之身体比地要小得多,眼睛上的眉毛比天要低得多。两道眉毛生长在眼睛上方,天天可以见到,人人也都知道,夫子知不知道两道眉毛有多少根?"

孔子没法回答,说道:"后生可畏呀!你小小年纪竟有这样的才学,实在佩服啊!"

不料,小孩却不紧不慢地回答:"我听人说,河里的鱼生下来,3天就会游泳;兔子生下来,3天就能在地里跑;马生下来,3天就可跟着母马行走,这些都是很自然的事,有什么大小可言呢?"

孔子感叹道:"好啊,我现在才知道少年人实在是了不起呀!请问小儿大名,今年几岁了?"

"我叫项橐,7岁。"说完,小孩又开始独自玩了起来。

孔子对学生们说:"项橐7岁懂礼,他可以做我的老师啊!"

孔子刚说完,项橐就纵身跳入旁边的水塘中,孔子不知道是什么原因。

项橐浮出水面说:"沐浴后方可行礼,夫子也来沐浴吧!"

孔子说:"我没学过游泳,担心沉下去就浮不上来喽!"

项橐说:"不对,鸭子没有学过游泳,也能漂浮在水面上。"

孔子说:"鸭子是因为有毛,所以才不会沉入水底。"

项橐说:"葫芦没有毛,也能浮在水面,不下沉啊!"

孔子答:"葫芦是圆的,并且内部是空的,所以不会下沉。"

项橐不依不饶,说道:"钟是圆的并且内部也是空的,为什么下沉却不能浮在水面上?"

孔子没法回答了,只好不说话。

项橐沐浴完毕,孔子就设案行礼,拜项橐为老师。

后来，便有了"项橐三难孔夫子"、"昔仲尼，师项橐"的传说。"君子之约，童叟无欺"等词语也都是来源于这个故事。后人尊称孔子为孔圣人，这小项橐也因此被尊称为"圣公"。

路上遇见神童项橐，让孔子感慨万千。孔子一行人继续向前赶路。不料，刚走不远，车辖辘就被一截大树杈折断了。孔子只好让子路到前边的村庄去借一把斧子来修车。

子路快步赶到前面的村庄，见一位中年妇女正在屋内织布。子路恭敬地说："烦劳大嫂，可否跟你借样东西？"

那女子没等子路把话说完，就转身走进里屋。子路正觉纳闷儿，心想，这女子真是不知礼节，没等人说完话就走开了。

没想到，女子很快从里屋走出来，说："给你！"女子边说，边拿出了一把锃亮的斧子递给子路。

子路惊讶道："你怎么知道我是要借用您的斧子？"

妇人微笑着说道："你不是要借样'东西'吗？'东'是东方甲乙木，'西'是西方庚辛金，'金'就是铁的意思，斧柄是木做的，斧子是铁做的，你是要借斧子吧！"

子路暗自佩服这个妇女的聪慧。谢过妇女，子路就拿着斧子跑回停车处，将刚才借斧一事说给孔子听。

孔子听后，慨叹不已："刚才道上遇见一个聪颖的孩童，现在又遇到一个聪敏妇女。楚国真是藏龙卧虎的地方啊！"

从此，孔子与项橐在路途对问的事，被人们广为传播。后人为了纪念孔子，把当年孔子和项橐对问的地方称为磨嘴磐，把孔子绕道修车的地方称为回车埠。

每到春暖花开，孔子都会带上弟子们去郊外踏青，采撷鸟语花香，遍赏春日景观。这年春季，孔子照例出游，又经过了项橐所住的村庄。

一个孩子远远地看到了孔子从村边走过，就飞快地跑到项橐跟前报告说："项橐，孔老夫子的马车来了！"

项橐一听，马上来了兴致。他赶紧命令3个小孩站在路中央。项橐说："我们要通过'小儿辨字辩日'与孔老夫子斗智！"

"这个办法太好了！这回，看孔夫子他怎么回答。"一个小孩应声附和道。

于是，3个孩子装作没看见别人似的，不停地在路边争论着。见两个小孩正在争论什么，孔子遂把马车停在了路上，走上前去，一探究竟。

只听一个小孩说："早晨时，刚出山的太阳又红又大；到了中午，太阳就变小了。所以，我认为早晨的太阳距离我们近！"

另一孩子不服气地说："早晨的时候，刚出山的太阳不热，到了中午，就热得让人受不了。所以，我认为中午的太阳距离我们最近！"

项橐见孔子下车来到身边，就问孔子："请教您一个问题，关于太阳离我们远近的问题，他们两个都争辩好久了，请您老人家给作个判断吧！"

"项橐，今天想用什么问题为难老夫啊？"孔子微笑地说。

"到底是早晨的太阳距离我们近，还是中午的太阳距离我们近呢？"

孔子略微沉思，说道："根据目前的天体知识，这个问题很难回答，我也说不清楚。我想，也许我们的后人能弄明白这一点的。"

项橐佩服地说："怪不得您老人家上知天文，下知地理，中知人间大事呢，原来您是个实实在在地对待学问的人啊！"

孔子面带笑容地对项橐说："好啦！老夫也要考考你喽！"

接着，孔子与神童项橐一问一答开来。只见这一老一小站在路边,兴致勃勃地谈论着。孔子的弟子们听他们谈得如此热闹,也都走下车来,站在旁边观看。

神童项橐的思维异常敏捷,孔子问他的多数问题都难不倒他。当然,孔子也并没有出特别难的题目来为难他。可孩子终究是孩子,孔子的问题,他也有个别答不出来的时候。

孔子感慨地说:"好啊!年轻人必然超过前辈们,让人敬畏呀!"

随后孔子针对项橐言语之中流露出的傲气,极富耐心地加以引导,给他讲"三人行,必有我师"的道理,鼓励他虚心学习,将来必成大器。

项橐虚心地聆听孔子的教诲,当时就给孔子磕了头,感激地说:"项橐当拜孔爷爷为师!"

迫不得已几度奔波

公元前497年,孔子带着弟子们离开了卫国,他们只在卫国居住了10个月。孔子师生走得是如此仓促,甚至都没来得及好好地收拾妥当,便匆匆上路了。

他自己乘坐一辆马车,弟子们则有的跟着他坐在车上,大多数却是步行上路的。当他们正要走出东门的时候,便和步行的一部分弟子失散了。

孔子的弟子子贡,当时还是个二十四五岁的青年,他因为一时找不到老师,很是着急,逢人便问:"你看到我的老师了吗?"

于是,就有一人笑嘻嘻地告诉了他:"我看见东门有一个人,长得很体面,两腮像尧帝,脖子像有名的法官皋陶,肩膀像大政治家子产,腰以下又像蹚水的大禹,不过还短三寸就是了。样子很狼狈,像只丧家狗啊。"

子贡听了,也顾不得说话,他知道这一定是孔子了,便一路小跑着找到了东门。在那里,他们果然赶上了孔子。

孔子问他到哪里了,怎样才找来的呢?子贡便把刚才听来的话一五一十地告诉了孔子。

孔子听了后，非但没有生气，反而笑着说："一个人的长相是不足为奇的。说我像只丧家狗，倒一点不错！一点不错！"

这时，郑国的青年贵族公良孺拜孔子为师，带着5辆车与孔子一同离开卫都。他劝孔子到陈国去，孔子别无去处，便答应了。

一行出了卫国国都帝丘，向西南方向行进。走到匡邑，即现在河南长垣时，孔子的学生颜刻无意之中说了一句话，惹出一场事端。

匡邑原是卫国的领地，后被陈国占领。公元前504年，鲁、郑两国交战，阳货随定公率师进攻郑国，攻克了匡邑。当时颜刻是鲁军的一名士兵，亲自参加了攻克匡邑的战斗。

这次颜刻随孔子出游，为孔子驾车。到匡邑时，他看到熟悉的城垣，想起当年的那场战斗，用马鞭指着一处城墙，大声对孔子及其他随行的弟子说："我们当年进攻匡邑时，就是从这里打开缺口的！"

正巧，旁边的一个匡人听了这话，大吃一惊，仔细观看站在车上向匡邑张望的孔子，吃惊地误以为是当年率鲁军攻破匡邑的阳货，于是跑到匡邑宰匡简子那里报告。

匡简子听说仇人送上门来，立即带领兵士追捕。孔子一再向他们说明自己的真实身份，匡人虽然没有绝对把握认定孔子就是阳货，但坚决不肯放人，并且严密监视他们。

孔子及其弟子们在监禁中表现得十分坦然，特别是照常进行的教学活动，使匡人心中的疑团慢慢消除，再通过其他多种渠道进一步调查，知道眼前的这些人与阳货毫无关系，就把他们放了。

师徒决定到卫国边境休整一下再决定去向。谁知经过蒲邑时，又陷入另一场风波。原来这时被卫灵公驱逐到蒲邑的公叔戍发动了叛乱。他为了壮大声势，派人拦截孔子一行，强迫他们参加叛乱队伍。

孔子尽管对公叔戌的父亲十分尊重，但对公叔戌犯上作乱的行为却深恶痛绝，因而断然拒绝。公叔戌却继续纠缠。跟随孔子的公良孺气愤不过，率领自己的5乘之众同蒲人开战，子路和其他弟子也上阵助战。

由于公良孺和子路骁勇善战，其他人也合力拼杀，公叔戌一伙人知道孔子等难以制服，就要求谈判讲和，条件是只要孔子答应不回卫都帝丘，就放他们一行离开蒲地。孔子答应了。

此前在困于匡邑时，孔子的一个弟子通过卫大夫宁武子的疏通返回了卫国。弟子在卫国为孔子的返回进行了不少活动，消除了卫灵公及其夫人南子的怀疑，他们欢迎孔子一行重返卫国。

特别是孔子师徒在蒲邑同公叔戌叛乱分子战斗的消息，进一步打消了卫灵公对孔子的疑忌。因此，当孔子一行回到帝丘的时候，卫灵公亲自到城外迎接。

公叔戌据蒲邑反叛之事一直使卫灵公君臣忧虑不安，由于孔子刚从蒲地回来，灵公自然想听听他的意见。他问孔子可否出兵讨伐叛乱？

孔子立即给予肯定的回答。并告诉灵公，在蒲邑真正同国君作对的，只不过是公叔戌和他的几个亲信，其他人都是被胁迫的百姓，所以讨伐可以取得胜利。

卫灵公告诉孔子，他的多数臣子都不主张讨伐。因为蒲邑地处卫国西南边陲，是抵御晋、楚等国进犯的屏障。卫军前去讨伐，一场战斗必将使这座城堡遭到严重破坏，使国力消耗，徒然对他国有利。因此，尽管孔子的意见很有道理，卫灵公也一直没有派兵讨伐，只是将蒲邑监视起来，静观其变。

孔子回到卫国以后，住进卫国贤大夫遽伯玉家里，以便通过他进一步增加与卫灵公的接触，期望得到灵公的重用。又与卫灵公夫人南子的亲信弥子瑕建立了较密切的关系，希望通过他与南子见面。因为南子作为国君的夫人，对卫国的政治有着举足轻重的影响。

但是，孔子希望在卫国出仕的愿望却一直没有实现。因为孔子的名气很大，并且在鲁国做过司寇和代理执政，让孔子在卫国做官，必须给他一个相当的职务，这在卫国的宗室大臣中恐怕难以通过。所以，卫灵公有时召见孔子，就一些问题向他请教，却始终没有给他具体职务。

孔子寂寞难耐，故意对别人说："如果有人用我管理政事，一年就可以初见成效，3年便会有成就了。"

这话传到卫灵公那里，但卫灵公仍然没有让他做官，孔子十分失望。

一天，卫灵公邀他出游。卫灵公与南子同乘一车，由宦官雍渠做驭手，让孔子乘坐第二辆马车。卫灵公与南子在车上肆意逗乐，故意招摇，使孔子很难为情。

归来后，孔子满脸不高兴，气愤地对弟子们说："今天的事情使我明白，很少有人能像追求美色那样追求美德呀！"他决定离开卫国。

这一年的十一月，晋国有权势的卿大夫之间发生了激烈的斗争。掌权的赵鞅率师进攻朝歌，即现在河南淇县，讨伐范氏和中行氏两家大夫。

战争激烈进行中，范氏、中行氏一边却祸起萧墙，他们在中牟，即今河南鹤壁西宰佛肸发动叛乱，归顺了卫国。佛肸很快向孔子发出了邀请，希望孔子到中牟协助他治理此地。孔子打算立即应邀前往，但子路觉得不妥，劝孔子不要去。孔子终究没有到中牟。

现在，孔子到晋国去的愿望越来越强烈。晋国是举足轻重的中原大国，与齐桓公齐名的晋文公曾经创造过辉煌的霸业。

孔子一直非常关心晋国的政局，眼看晋国国君大权旁落，韩、赵、魏、智伯、范氏、中行六卿争斗不已，心中十分焦急。

孔子希望到那里去，以自己的声望，特别是以"君君、臣臣、父父、子子"的"正名"理论，调和晋君和六卿的关系，缓和六卿之间的矛盾，使晋国重新恢复秩序与稳定。凭着晋国作为中原大国的地位，孔子也许可以大有作为。

终于，孔子带领子贡等人踏上了赴晋国的旅程。早晨从帝丘出发，不到一天就到达黄河东岸。当孔子登上黄河大堤，俯视自西南流向东北的黄河。他感慨万端地说："啊！逝去的一切就像这浩浩荡荡的河水呀！不舍昼夜地一直流淌。"

这时，从西岸渡过一船人，登岸时人群中一片喧哗。孔子连忙上前打探消息，得知晋国执政赵鞅杀害了晋国两位德高望重的贤人鸣犊和舜华。孔子惊呆了，两行老泪顺着面颊流下来。最后，孔子掉转车头，沿来路返回。

由于孔子到晋国去的行动事先未征得卫灵公的同意，引起卫灵公的恼怒与不满，因为卫国已经参与了晋国六卿之间的斗争，而且支持的是范氏与中行氏，可孔子却倾向于他们的敌人赵氏。

因此，孔子返回帝丘时，卫灵公不仅没有前去欢迎，而且故意向孔子请教战争问题，以暗示卫国即将与晋国兵戎相见。孔子对卫灵公的态度也很不满。

一天，卫灵公与孔子谈话时，突然见到一群大雁排成人字形正自南向北飞行。灵公中断与孔子的谈话，只仰视着大雁，直至大雁消失在天际，仿佛孔子根本不存在一样。

孔子看着老态龙钟的卫灵公，明白继续在卫国待下去实在没必要了，就决心再次离开卫国。

公元前493年，四月，灵公离开人世。他的孙子姬辄承袭了君位，他就是卫出公。此时，卫出公的父亲蒯聩在晋国的支持下，进入距帝丘仅40里的戚邑，即现在河南濮阳北，扬言进入帝丘与儿子争夺君位。

孔子对这种违背礼制的举动深恶痛绝，为了不使自己卷入这场争斗，便带上弟子奔郑国而去。孔子一行离开卫国，南行经过以现在山东定陶为中心的曹国，到达以现在河南商丘为中心的宋国。

宋国是孔子祖先生活的地方，他青年时代曾到这里考察过殷礼，他夫人亓官氏的娘家也在这里，所以孔子对宋国有特殊的感情。

到宋国后，孔子希望受到热情的接待，想在这里住上一段时间。然而，当权的宋景公对孔子这位与自己有着血缘关系的名人却相当冷淡，连国君应有的礼贤下士的样子也没有装一装。

孔子虽然不满意，但对于血亲的认同感还是使他主动前去拜见宋景公。一见面，宋景公向孔子请教说："我想使国家长久存在，我想得到众多都邑城镇，我想使百姓对我绝对信任，我想让士人忠心耿耿、竭尽全力为我服务，我想让圣人自动上门报效，我还想使官府得到治理，官员们都清正廉洁，要想实现这些愿望，应该怎么办呢？"

尽管这些愿望都是围绕着国君这个中心，但因事关国家大政方针，孔子还是回答说："邻国互相亲善，和睦相处，国家自然会长存不衰；国君施惠百姓，臣民忠于国君，就会多得都邑城镇；不滥杀无辜，不姑息罪人，秉公执法，百姓就会对国君绝对信任；礼贤敬士，俸禄优厚，士人都会竭忠尽力；尊敬上天，善事鬼神，就会季节适宜，风调雨顺；崇尚道德，讲求礼仪，圣人就会自动上门报效；任贤使能，罢黜庸劣，官府就会得到治理，官员就会清正廉洁。"

然而，宋景公说："你说得真好啊！可是，我却做不到。"

孔子只有摇头叹息。他明白了：他的祖先曾经生活过的这个国家，已经丧失了复兴的希望。

在宋国，更令孔子气愤的是司马桓魋的劳民伤财之举。此人是倡导"弭兵"运动的名臣向戌之孙、宋桓公的后裔。他当上宋国司马以后，骄横凶残，奢侈享乐，不可一世。不顾宋国国小民贫的现实，征调大批工匠，开山凿石，为他制作巨型石椁。由于工程艰巨，3年还没有完成，但工匠们却大都累倒了。

有一天，孔子来到施工现场，气愤地说："与其让这样的人生前死后奢侈，还不如叫他死后早早烂掉！"

这话传到桓魋耳中，他认为孔子多管闲事，对自己的声誉不利，决定将他们师徒赶出宋国。

孔子一行居住的院子里有一棵大树，他的教学活动就在树下进行。桓魋为了赶走孔子，就派一帮人到这里捣乱。这天，正当孔子指导弟子在树下习礼时，桓魋指使的一伙人突然闯进院子，把孔子师徒赶到一边，然后把大树连根刨掉，并扬言要杀死孔子。

孔子与弟子们共同分析了形势，认为桓魋什么坏事都可能干得出来，为了安全，必须尽快离开。于是，师徒换上宋国百姓的服装，分成几个小组，秘密潜出宋国国都商丘。

经过数日跋涉，孔子到达新郑城郊。由于他们都是初次来到这里，不熟悉地理环境，事先又没有定下一个确切的会面地点，所以他们分散到达，各自围着城转，一面互相寻找，一面寻找孔子。终于在新郑东门外大家见面了。一行人又恢复了往日的乐观，他们从东门进入新郑。

郑国是春秋初期建立的诸侯国，在武公、庄公时期曾盛极一时，使中原的诸侯大国侧目而视。后来，国势逐渐衰落。由于处于四战之地，在五霸争雄的岁月里处境十分困难，只能在朝秦暮楚中艰难维持。

当时，郑国出了一个著名政治家子产，他的行政措施和个人品格一直受到孔子的赞扬。听到子产去世的消息，孔子曾难过地流下热泪。孔子对子产保护乡校的事迹大加赞赏。

乡校是国人聚会的场所，国人不时聚在那里议论朝政，对国君和执政的活动评头论足。这是国人从原始社会那里承袭下来的民主权利。子产上台执政后，没有毁掉乡校，而是虚心听取国人的议论，不断改进执政的工作。

经过一段时间，国人对子产的改革完全理解了，上下一片颂声。保存乡校，实际上是保留古老的民主议政形式。子产的高明、大度和作为执政者虚怀若谷的品格，使孔子由衷地敬佩和景仰。

孔子此次来到子产的国家，带着学生四处走访子产的遗迹。他在郑国停留的时间不太长，只是作为一般游历者，在郑国的土地上留下了自己的足迹。

孔夫子推磨过桥

孔子50多岁的时候，乘车去齐国游说。途中来到齐鲁两国的边界处，就被大箭山挡住去路。远远望去，山的西侧有一道极深的沟壑，沟壑的崖上探出一块大石来，形状酷似磨盘。磨盘上有上下两块磨，左右各放着两根石磨棍。

路边的人告诉孔子说，这石磨棍是进入齐国的唯一通路，凡经者必须推磨而过。否则，磨棍则强挡车马行人。

孔子乘坐的车辆来到沟壑前面，看见一个妇人正在推磨，眼看就要把连接两国的道路接通。

孔子问那妇人："此乃桥乎？"

妇人答："不错，是桥。"

孔子说："劳驾，放我的车过去吧！"

妇人道："可以放你过桥，但需要你亲自推磨。"

孔子只好下车推磨，但磨大棍粗，实在难以移动。不大一会儿就累得孔子气喘吁吁，汗水淋淋，筋疲力尽了。只好蹲在陷道里求妇人帮助。

妇人上前搀扶起孔子，笑着说："你不是主张凡事能够推己及人吗？那么，请你不要再说'唯小人与女子难养也'为好。你若心悦诚服，我甘愿推磨与你开道。"

孔子听罢，频频点头，当即乘车过了桥。孔子回首拜谢妇人说："多谢指教！"

从此，后人有了"孔子与磨盘桥"的传说。

孔子和弟子们继续往东南走，想到楚国去。

此时，正是酷暑时节，又赶上那地方大旱。这天，红日当空，没半点云彩。他们虽然动身早，却越走越热，前面又遇上了好几里的沙子路。头上太阳烤，脚下热沙烙，还没到中午，师徒们就像困在火炉里一样。他们一边吃力地行走一边擦汗，到达一条河边时，早已是气喘吁吁。

这是一条东西流向的河，上面架着一座拱桥。因为天旱，3个桥洞，一孔流水，两孔没水。孔子是一个吃得辛苦耐得劳累的人，也觉得挡不住这炎热。

他抬头望望，天上是火辣辣的太阳，低头看看，四面是白茫茫的沙滩，一切都像是热得凝固了，不见一只鸟飞，听不到一声蝉叫。只有没有流水的桥洞子底下，还有点阴凉。

孔子说道："在这里歇一歇，过日中再走吧！"

弟子们奔到了桥洞子底下，有的坐着喘气，有的躺倒了，只有子路还站在那里。

孔子说道："仲由呀，我也累乏啦，你到上面看着，要是有人过桥，叫他放轻点脚步，让大家好生地歇一会儿。"

子路答应着，几步就走上了桥头。过了一会儿，来了个40多岁的汉子，瘦脸尖嘴，眼看着就要走上了桥，子路忙说："你慢慢地走，俺老师在下面歇着呢！"

那人是个螃蟹不忘横着爬的家伙，他瞅了子路一眼，见他旧衣旧裳，满面的风尘，立刻板起铁青的脸喝叫道："你吃了河水，管得宽，大爷走路，自己有腿，用不着你来多言多语。"

说话间，那人还故意把脚步加重地往下跺，嘀嘀咕咕地过了桥。

子路大怒道："你这没有人性的坏家伙，可恶到这种地步。"那人冷笑道："我恶，可我还5个闺女5个儿哩！"

子路正要回他的话，听到孔子在下面叫道："仲由呀，仲由呀！你下来。"

子路听到老师招呼，只得走了回去。

孔子问道："刚才有人过桥啦？"

子路说："是个狼心狗肺之徒，还夸自己有5个闺女5个儿呢！"

孔子说道："人有人言，兽有兽语，犯不着去跟他计较。"

子路又回到了桥头上，过了一会儿，又有个40多岁的男人走了过来。看看离得近啦，子路招呼道："你轻轻地走，俺老师在下面歇着呢！"

那人是个一点就明的精灵人，他望着子路说道："看样子师徒们是走远路的，这样酷热蒸人的天气，可得好好歇息歇息才是。"

好人难得，子路听了，心里欢喜，不禁问道："你这样的好心为人，家里有几双儿女？"

那人笑嘻嘻地应道："一儿一女。"说着，脱下了鞋，走过了桥。

孔子又在桥下喊道："仲由呀，仲由呀！你下来。"

子路应声走了下去，孔子问道："桥上有没有人过？"

子路说："则才有个人怕惊扰了老师，他脱下了鞋子，慢慢地从桥上过去啦，可他只有一儿一女。"

孔子说："有一儿一女好。"

子路回答完老师的问话，就又上到桥头看着。不多时候，又来了一个老汉。

子路说:"你轻点脚步走,俺老师在桥底下歇息呢!"老汉一听,转身就往桥下走。

子路很是奇怪,问道:"老人家,你不过桥了吗?"

老汉说:"我上岁数啦,脚步沉,还是从河里过吧!"说完,脱了鞋,又脱袜子。

子路看着,万分地感动,赶着上前问道:"老人家,你是百里挑一的好人,家里儿女一定不少吧!"

老汉说:"我无儿无女孤身一个。"说着,慢慢地蹚水过河去了。

子路一直望着老汉走远,听到孔子叫,就又回到了桥底下。孔子问:"有人过河了吗?"

子路说:"一个老汉怕惊动你,脱了袜子和鞋,从水里过去的,可老人家却没儿没女。"

孔子点点头,说:"没儿没女好。"

子路听了,又是纳闷,又觉不平,说道:"老师,先头那个凶神恶煞的家伙有5个闺女、5个儿,你没加一句言论,而一个脱了鞋过桥的,你说他一儿一女好,也还通情达理,这老汉厚道待人,可男孩女孩却没有一个,这又从哪处说的好?"

孔子说:"看远不看近不行,看近不看远也不行。人一辈子路长,可路都在人的心上。啥样的父母,啥样儿女。他那样的恶,降他的不是别人,是他的5个男孩、5个女孩。敬老得老,敬禾得宝,他那样蛮横歹毒,儿女也不会善待他。

"那有一儿一女的人,有其父必有其子,自然会从儿女那里得到好处。老汉虽说没儿没女,可什么土长什么苗,有好土,就不愁长不出好苗来。"

据说,第一个过桥的,5个儿子为盗,5个闺女为妓。第二个过桥的,一儿一女对他很是孝敬。第三个老汉没儿没女,可拾了个孩子养着，虽说不是亲生，可心地和行为很像老汉，对他这个养父是一好百好。

在桥下歇息后，师徒们又上路了。他们经过的是大片野地，一条荒路。子路赶车，车动铃铛响，惊起的只有草里的野兔。

他们越走人烟越少，到后来，连个人影也见不到了。真是世路难行，师徒们人困马乏的，走到傍晚，还是前不着村后不着店。天渐渐黑下来，四野里漆黑一片。

子路为人正直，敢于说话，望着孔子说："老师，跟着你游走四州，食无隔宿粮，它乐在何方？"

孔子说道："要是大家都安乐，咱就不用游走了。"

子路说："刚才你在桥下说，人一辈子路长，路在人心上，可是咱熬成了白发，解了多少民忧，正了多少民风？"

孔子低头沉思，好久没有说话。

子贡接着说："说一千道一万，咱还得奔个宿处才是，总不能在这里跟虎狼做伴。"

正在犯愁之际，不知从哪里来了一个老妈妈，尽管天黑，却看得清清楚楚，老妈妈雪白的头发，满脸的皱纹，右手拿着一根棍子，左手提着一个竹篮，里面的柳枝鲜绿鲜绿的。

子贡欢喜地说："咱跟她打听打听，前面有没有村庄。"

子路说："我来问。"

孔子坐在车上，说道："还是让会说话的赐去问吧！"

说话的工夫，老妈妈已经擦着车轮走过去了。子路赶上前几步，还是争着要问："老妈妈，前头有没有可住宿的地方？"

老妈妈回头说道："你是赶车的，顺着车辙走，不要问我。"

孔子听了，连忙下了车，整了整冠，理了理衣裳，走上前去恭恭敬敬，双手一拱，说道："老人家，俺师徒们这多年来，春夏秋冬四季苦,现在又困在这荒坡野岭里,求您给指条明路,哪里才能有我们停留住下的地方?"

老妈妈笑呵呵地说道:"天下之大,何必求我。你说得对,路在人心上。有人有路,无人无路。世上的路都是人走出来的,有志者事竟成,无志者万事空,有脚就有路走,不用问别人了。"

说完,老妈妈转身不见了。

一阵清风吹过,天上薄云消散,说来也怪,就在这时,星月光里,出现了一条大道。师徒们喜出望外,踏上了路途,终于到了楚国。

虚心请教采桑娘

孔子周游列国,四处行教。这年夏天,孔子带着弟子子贡途经陈国到卫国去。师徒两人一路上翻高山,绕曲水,晓行夜宿。

这天傍晚,师徒来到了临近陈国的一片桑林边上。此时,正值夕阳西下,碧绿的桑林披上了一层霞光,显得格外美丽。桑林里,有两个仙女般的姑娘在提篮采桑。

孔子面对这般景致,诗兴大发,随口吟道:

南枝窈窕北枝长,

采桑姑娘非常聪明,不等孔子吟完,便接口吟道:

夫子游陈必绝粮。
九曲明珠穿不过,
回来问我采桑娘。

孔子听了姑娘吟唱的诗句,未予理睬,两人便急着赶路了。

他们行至陈国边陲的一个小山村的村头上,刚停在一株大树底下想歇歇凉,却被当地的一个大夫发现了,接着就带兵把两人围住了,说是向孔子求教学问。

大夫拿出一颗九曲明珠,问孔子道:"要用丝线穿过去,你有什么办法吗?"

孔子看了一阵想不出办法。大夫便不让他们走,并不准村民送饭给他们吃。师徒两人只好忍饥夜宿在大树下。孔子面对冷月,坐立不安,忽然想起了采桑娘的诗句。

于是,孔子把子贡叫到身边说:"明天,你去问问采桑姑娘吧!"

子贡自言自语地说:"世人都向圣人请教学问,哪有圣人求教百姓的事。"

孔子听了,谆谆教导他说:"自己不懂的事,乐于向别人请教,才是聪明人呢!鱼取水,鸟依林。要知山中事,必须问打柴人。当地百姓采桑、缫丝、打线,整天和丝线打交道,解这道难题,兴许根本不犯难!你见到采桑姑娘,可要诚心诚意地请教啊!"

第二天,子贡来到桑林,搭眼一望,两个姑娘正说笑着采桑呢!于是,子贡走上前去,恭恭敬敬地施礼道:"我是孔子的弟子端木赐,从鲁国远道而来,碰上一件为难事,特地向两位请教来了!"接着就把被困原因和昨晚上老师的教诲说了一番。

姑娘本想故意难为他一下,但见子贡文雅有礼,也就不好意思了。于是轻轻放下手中的篮子,问道:"孔老夫子既是鲁国人,怎么会到卫国去呢?"

子贡答道:"孔老夫子为了让更多的孩子能读上书,特地到卫国去讲学授业呢!"

采桑姑娘听后，被孔子乐于施教的精神感动了，面带愧色地说："老夫子为了让更多的孩子能读上书，竟这般不辞辛苦，我们一定助他一臂之力！"

于是，姑娘高兴地告诉子贡说："要想将丝线穿过九曲明珠，只要在丝线上涂些蜜，由蚂蚁衔着就会穿过去的。"

姑娘的主意很快给这师徒两人解了围。

对家乡怀有无尽的爱

公元前492年，五月，孔子一行离开了郑国，直下东南，来到陈国的国都宛丘，即现在河南淮阳。他们先投奔司城贞子，通过他会见了陈湣公。

陈湣公对孔子的博学多闻惊异不已，欢迎孔子的到来，给予他很高的礼遇，让他住最好的馆舍，聘请他充当官府的文化顾问。希望孔子能帮助他改变国势衰落的局面。

孔子在陈国的生活比较安定、闲适，除了进行教学活动外，他更多地与弟子们一起到陈国名胜之地或郊野游览。

一天，有只鹰飞到陈国的宫里，坠地而死。"楛矢贯之，石砮，矢长尺有咫。"即用楛木做的箭杆，以石为箭镞，箭长有一尺八寸。

陈湣公派了个使臣问孔子："这支箭这么奇怪，到底是谁制造的呢？"

孔子说："这只鹰是从很远的地方飞来的，这种箭是东北肃慎人使用的。当年周武王来到商地，并进一步打通了与周边诸少数民族——九夷百蛮的联系，而且还让四方各民族交纳自己的特产作为贡品，使周民族所辖的各国君主记住这些周边少数民族的职业。

孔子略微停顿,接着说:"于是,肃慎人以楛木石镞之箭作为贡品,长一尺八寸。周武王把肃慎人的箭给了自己的大女儿,并把她嫁给了虞胡公而封之于陈。为使陈国的后人不忘记自己的职责,因此把肃慎人的箭分给了你们陈国。"

陈国君臣们听孔子说完这些,将信将疑,立即派人打开国库仔细查找。最后,果然找到了当年周武王赐予的长一尺八寸、楛木石镞的肃慎人之箭。陈国上下无不惊叹于孔子学问的渊博,想到自身数典忘祖,更是惭愧不已。

一天,孔子闲居无事,在屋内以弹琴自娱。弟子曾参、子贡坐在外厅,侧耳细听。一曲终了,只见曾参喃喃自语道:"咦!怎么会是这样的呢?老师的琴声里,怎么会流露出贪狠邪僻的情调呢?琴音中,趋利不仁的味道,怎么会这么严重呢?"

对曾参所说的话,子贡在心里也是这么想的。不过,他没接曾参的话,而是站起身子,朝室内走去。

孔子见子贡进来,面有犯难进谏之色,便放下琴瑟,等他说话。子贡便将刚才曾参所说的话,如实禀告。孔子听完子贡的话,对曾参赞叹不已。他说道:"曾参真是天下一位大贤人呀!他已经通晓音律的奥秘了。"

接着,孔子继续对子贡解释事情的缘由。他说:"刚才,我正在几案边弹琴,有一只老鼠在室内走动,被一只猫发现了。那只猫便循着房梁,悄悄地向老鼠接近。然后,选好地点,眯缝着眼睛、躬曲着身子,等待时机,扑住老鼠。"

"那后来呢?"子贡迫不及待地问。

"后来,猫的如意算盘终究没有得逞。因当时那只猫的心态,反映在我的心里,我便很自然地通过琴瑟,将它表露出来。所以,曾参说我的琴音里,有贪狠邪僻的情调,是很恰当的。"

儒家经典《礼记·乐记篇》说：大凡音乐，都是产生于人的内心。人的情感动于衷，体现在外就是声音。声音的变化有文理，就成了音乐。所以，在太平治世，流行的音乐，通常都洋溢着安适与喜乐。它也反映此时的国家政治，处于清明祥和的状态。

在动荡的乱世，流行的音乐，往往会充满着怨恨与愤怒。它也反映此时的国家政治处于政令不畅、上下分离的境地。

而一个接近亡国的世道，它的流行音乐，会弥漫着哀伤与忧思。它说明此时的人民，已陷入难以自拔的困苦，只能靠回忆往事来慰藉自己。所以，声音之道，与政治之道是相通的。然而，陈国毕竟是一个日趋衰落的小国，孔子在政治上难有什么作为。

不久，从鲁国传来鲁国执政季桓子病死的消息。季桓子死后，季康子承袭爵位并成为鲁国的执政。他办完季桓子的丧事后，准备依照父亲的遗愿召回孔子。

可大夫公之鱼却不同意，他对季康子说："以前，先君对孔子未能重用到底，为列国诸侯们耻笑。今天又起用孔子，如再不能重用到底，必然更为诸侯们耻笑。"

季康子问："那么召谁任用为好呢？"

公之鱼说："召冉求为好。"

季康子于是派出使者来到陈国，向孔子师徒传达了召回冉求并加以重用的意向。孔子虽然不在征召之列，但看到鲁国形势的变化，仍然兴高采烈。

冉求返回鲁国的那一天，孔子对弟子们说："这次鲁国召冉求回去，不是小用，而是要大加重用啊！回去吧！故乡的学子们志大才疏，尽管有灿然篇章，却不知如何利用。"

子贡听出了孔子话中的思乡之情，在送冉求时对他说："你知道老师对故乡有着多么强烈的思念之情，你这次回去，一旦受到重用，一定想办法让夫子回国。"

冉求回鲁国后,做了季氏的家臣。他一再向季康子进言,希望召回孔子,但由于公之鱼的影响,季康子仍没有发出召回孔子的命令。

孔子在陈国迟迟得不到召他回国的消息。这时,却传来楚昭王要聘请孔子去楚国,并打算以书社之地700里封赏孔子的消息。

孔子正准备去楚国,楚昭王却生病了。他所率领的援陈抗吴的军队也停止了军事行动,准备后撤。这样一来,与楚国结盟的陈国立刻面临吴国更大的军事压力。于是孔子离开陈国,朝楚国奔去。

受困于陈蔡之间

孔子一行为躲避吴兵的袭扰，辗转迂回，浪费了不少时间，而仓促离陈时带的那点粮食很快用去大半，待他们发现离楚国还有相当远的路程的时候，已经陷入了饥饿的困境。

此时，蔡国人也得到孔子要去楚国的消息，他们认为孔子师徒一旦到达楚国，肯定对自己不利，于是派兵对孔子一行进行拦截。

在陈、蔡之间的广漠地域，方圆800里，人烟稀少，几乎就是一片废墟。他们断绝了粮食，连着7天没生火做饭。熬的野菜汤里，也没有一粒米，弄得不少弟子无精打采，面有菜色。许多弟子都饥饿难耐，难以支撑。而此刻，孔子却依然弹琴，弦歌不止，聊作慰藉。

这时，弟子颜回在屋外择野菜，看见子路与子贡两人在一起嘀咕道："先生两次被鲁国驱逐，在卫国也未能待下去，在宋国讲学，连背靠的大树都被人砍倒。到周地拜访，又受老子的数落。现在，又被人围困在陈、蔡之间。追杀先生的无罪，欺凌先生的无有禁止。先生倒好，依然在这里弦歌鼓琴，自得其乐。难道做君子的，就这样的没有羞耻心吗？"

颜回听到这里,无言以对。只好进到屋里,告诉孔子。孔子听后,推琴长叹道:"由、赐呀,难道你们真的是小人?召他们进来,我有话要跟他们说。"

子路、子贡进屋。子路抱怨地对孔子说:"老师,我们行到这种田地,可以说是末路穷途了吧!"

孔子听到这里,厉声说道:"君子明于道谓之通,昧于道谓之穷。我们抱仁义之道,处在这少仁少义的乱世,遭受磨难,这是很正常的事,何穷之有?内省无愧于道,临难不失己德,大寒至,霜雪降,因此才会知道松柏之真强茂。过去,齐桓公因在莒国受辱,反而树立起王霸之志。晋文公在曹国受欺,因此产生称霸之心。越王在会稽遭受奇耻大辱,却使他更加坚定复国的志愿。这次,我们遭遇这般磨难,难道不是件很幸运的事吗?"

说完,孔子返身回到琴案,操琴而坐。子路闻后,也随之持兵器,昂然合拍而舞。子贡见此,愧然自叹道:"我真是不知道天有多高,地有多厚呀!"

所以,古代有道德的人,得意也乐,失意也乐,所乐非关得失。有道德怡养于内,外境的得失,不过如寒暑风雨之替换,无足扰乱自心。

在劳苦奔波、忍饥挨饿的途中,有的学生头痛、腹痛,甚至病倒在路上。处境已经相当不利了。孔子只得找了个临时栖身之所停下来让子路和子贡去寻找粮食。

子路和子贡找了半天,一无所获,拖着疲惫的身躯回来,远远听到孔子那悠扬的琴声。其实,孔子当时跟其他人一样地疲劳饥饿。他只是想以自身之行,感染学生罢了。

子路首先沉不住气了,撇着嘴,问孔子道:"有道德有学问的人也遭难吗?"

孔子说:"有道德有学问的人并非不遭难,但是能够遭了难也不动摇。没有道德没有学问的人一遇困难却会变节。"

但是弟子们越来越不安定了,孔子便把子路叫来问道:"古时候的一首诗歌上说道:

> 又不是老虎,
> 又不是犀牛,
> 徘徊在旷野,
> 是什么因由?

是不是我们讲的道理不对了?不然,我们何以会困在这里呢?"

子路说:"恐怕是我们的仁德不够,人们才不相传我们;恐怕是我们的智慧不够,人们才不能实行我们的主张吧!"

孔子叫着子路的名字说:"仲由啊,假如有仁德就会使人相信,为什么伯夷、叔齐会饿死呢?假如有智慧就可以行得通,为什么王子比干还会横遭剖心之祸呢?所以呀,有修养、有仁德的人决不会因为一时的穷困而改变气节。"

弟子们被他的话所打动。大家一面公推有外交才能的子贡出使楚国,要求楚国予以接应,一面共同动手,挖野菜,拾柴火,顽强地坚持下去。

师徒在陈、蔡之间的旷野支撑了7天。第八天上午,子贡带着满载食物和生活日用品的楚国车队回来了。这期间,孔子曾派子贡等人到郢都与楚国联系,希望能允许他们到郢都去,更希望楚惠王能够召见他们,但一切努力都没有成功。

在游历中深入学习

孔子放弃了在楚国从政的希望,他想,何不借此机会在这个陌生之地广泛游历一番,以深入了解这里的历史文化呢?

在楚国的 3 年里,孔子师徒的足迹遍布北起方城、南至汉水、东到新蔡、西至南阳的许多地方。

他和他的弟子们尽情地徜徉在汉北的青山碧水之间,在山林、河边、田间、道路、邑里,在他们经过的一切地方,与社会下层各色劳动者,如农夫、渔夫、隐士、牧童等有过广泛的接触,充分地了解了楚国的风土民情和深植于民间的楚国文化。

这一天,他们来到了朐阳山下。师生们下了马车,子贡在前,孔子随后,子路、颜回等几个学生也都跟着开始登山。

孔子一鼓作气地攀到了山顶,向东一看,只见天连水,水连天,水天一色,一望无边,好壮阔的景色啊!就在孔子感叹如此盛景之时,天空中忽然阴云密布,狂风大作,继而电闪雷鸣。紧接着,狂风席卷着暴雨迎面扑了过来。子路大声叫道:"糟了糟了,这可如何是好,我们到哪儿躲雨呀?"

只见一个老渔民,左手提着渔网,右手拿着鱼叉,肩上背着鱼篓，腰间系着葫芦，走到他们面前说："不要慌，跟我来！"

老渔民把孔子和他的学生们领进了一个山洞。

这个山洞正面对着大海，是老渔民藏鱼落脚的地方。孔子觉得洞里有点儿闷热，便走到洞口，观看雨中的海景，看着看着，便诗兴大发，不由地吟诵起来："风吹海水千层浪，雨打沙滩万点坑。"

老渔民听了这两句诗，忙道："先生，你说得不对呀！"

孔子问："怎么不对呢？"

老渔民说："'千层浪'、'万点坑'，都不妥当。难道海水波浪滔滔只有千层，雨打沙滩不多不少正好万点？先生你数过吗？"

孔子用心倾听着老渔民的高见，急忙问道："老兄弟，那你看我应该怎么改合适呢？"

老渔民说："最好改成这样：'风吹海水层层浪，雨打沙滩点点坑。'浪层层，坑点点，数也数不清，这才合乎情理。对不？"

孔子一听，心服口服，正想赞叹几句，不料子路在一旁发起火了。子路冲着老渔民便喊："哎、哎，圣人作诗，你怎能乱改！"

闻听此言，老渔民也火了，厉声问道："谁是圣人？"

子路指着孔子说："远在天边，近在眼前。这就是孔夫子、孔圣人！"

孔子连忙阻止道："仲由，不可傲慢！不可无礼！"

老渔民拍着子路的肩膀说："小伙子，圣人有圣人的见识，但也不见得事事都比别人高明啊！"

孔子把学生们召拢到一起，严肃地说："我以前对你们讲过'生而知之'，这话错啦！大家要记住：知之为知之，不知为不知，是知也！"

说完，孔子顺口吟出小诗一首："登山望沧海，茅塞豁然开，圣贤若有错，即改莫徘徊。"

从此以后，山里人就把胸阳山改名叫孔望山了。这个故事也是孔望山的由来。

有一次，马车坏了，孔子师徒停下来修车。约半个时辰左右，车子才修理好。

于是带着"惟楚有才，于斯为盛"的喟叹，孔子师徒一行继续往旧街的东南方向快速前行。约走了6里路，前边一条山谷河流挡住了去路。河流水深岸阔，不知津口在哪儿。

孔子一行踌躇在岸边，忽然看见河的上游有两名身材高大的男子正在田间地头耕作。于是，叫子路去问渡口在哪里。

子路来到那两人的身旁，恭敬地拱手，问道："先生，请问这条河流的渡口在何处？"

一农夫答非所问，反问道："车上坐着的执辔的人是谁呀？"

"是孔丘。"

"是鲁国的孔丘吗？"

"是。"

"那么，他应该知道渡口在何处。"

另一农夫又问道："你又是谁呢？"

"我是仲由。"

"是孔丘的徒弟？"

"是。"

农夫说："你看，天下哪儿都是一样的动荡不安，谁可以改变它呢？你与其跟着这种避人之人四处奔波，不如跟着我们这种避世之人还更安逸自在。"

子路不仅未问到津口，反而还遭到一番奚落、教训，沮丧地回告孔子。孔子听说后，怅然长叹。说道："人是应该有社会责任的，怎么能够隐居山林，置天下的黎民苍生于不顾，而终日与鸟兽为伍呢？如果天下太平的话，那也用不着我孔丘四处奔波了。"

这两位在田间耕作的农夫便是当时有名的隐者长沮和桀溺。

人各有志，儒家一直主张入世，匡时济世，"正心、修身、齐家、治国、平天下"。而隐者认为天下大乱，已无可救药，只能自保。

因为孔子曾在此地使子路问津于长沮与桀溺，人们便将那条挡住孔子去路的河流称作孔子河。在河流的两旁，长沮、桀溺耕种过的那片呈梯形的田垄，一边被称为长沮冲，一边被称为桀溺畈。

根据史料记载，大约公元前164年至公元前122年间，邑人在孔子河旁挖掘出"孔子使子路问津处"石碑，淮南王刘安为记其事，遂在当地建亭立碑，修孔子庙，以供人祭祀，并征召学士在庙内讲学著书。

石碑仍然存在，虽经年历月，字迹依旧清晰，明代进士、书院主持人萧继忠有诗说道：

雾暗秦碑涩，云生汉殿荒。

由此推断，问津碑为秦时所立。原碑不知毁于什么年代，现在仅存明朝人书写的同文碑一通：

一时风欺竹，
连江雨送秋。
鱼游浪影沉，
晒书佚事留。

长沮、桀溺虽然归隐山林，但并不是整天闭目塞听，他们知道：

鲁哀公曾问过孔子:"鲁国之乱,源于季氏,大家都明白,然而,为何越明白越乱呢?"于是,他们请孔子指点"迷津"。

孔子答道:"因为你只是明白一国、一人,而不明白天下。"

可见孔子是知而不迷。长沮的话中隐语:孔子既知鲁之"迷津",也必知楚之"迷津",故不以渡口相告。

孔子一行只好找别人打听。他们来到渡口,见有一老翁在摆渡。子路说:"船夫,请将我们渡过河。"

"行,请驾好马车,都上船。"船夫用竹竿吃力地撑着,马儿在水中随着木船过河,马儿会游泳。船到河心,突然大风骤起,木船在波涛中颠簸摇晃,船儿忽高忽低,像一个醉汉似地立不稳,一船人都失去了重心。

整船人和马车经不住这种颠簸,伴着风吹浪涌,船一歪,就翻落到河中。孔子师徒等人都成了落汤鸡,掉入水中,衣服全湿透了。

人落水问题还不太严重,这时的南方还不冷。可惜了那些书,孔子喊道:"快救我那些书!"

孔子一生发奋好学,乐以忘忧,不觉得自己已经老了,还是走到哪儿都携带着很多书。古时的书,其实都是一些竹简上刻或书写的篆字,东汉蔡伦发明造纸,北宋毕昇发明活字印刷都在其以后许多年。

在众人的一番折腾下,马车被推上了岸,书也被捞上来了。但是,那些书全被水浸湿了。孔子心中焦急,四处张望,欲找一个晒书之所。

还是颜回年轻,眼尖:"瞧!对岸有一座山丘。"

那座山有300多米高,四面没有山,孤零零地挺立在那里,山的顶部平坦洁净,足有两亩见方。孔子皱着的眉头舒展了,这时正是秋高气爽,阳光直照山头,很适合晒书。

弟子们很快将被打湿的书搬到山顶，铺开晾晒起来。周边也没有什么人，子路、子贡、颜回也不顾斯文，脱掉长衫，拧干晾晒。

经历了刚才的一番折腾，孔子站在山顶，俯瞰潺潺流水，不禁仰天长叹道："美哉水，洋洋乎！可惜的是这儿没有桥，此处要是有一座桥就好了，过往行人就不会如我等受涉水之苦了！"

随后，孔子师徒坐在两丈多长的长石上，稍事休息，以等书晒干。子路回想起近段的行程，种种不幸，不禁发起牢骚，口里念叨："在宋国的一棵大树下习礼时，宋司马桓魋欲杀老师；在陈蔡被困7天，粒米未进，很多人都饿病了；上午在旧街让项橐毛孩戏弄，下午又人车落水，真是不幸，可谓'风刀霜剑严相逼'。"

孔子宽解道："天降大任于我等，实现周礼，天下归仁，任重而道远。忍饥挨饿，受苦受难，在所难免。我们必须坚忍弘毅，矢志不移，死而后已。"

孔子师徒当年晒书的山就在今问津书院的后边，山势平坦，有茂林修竹，被称之为晒书山。孔子当年坐过的那块长石被称为"坐石"，周边还有后来他们驻足讲学时供研墨行文之用的墨池、砚石。

墨池即离坐石不远处的小溪，溪边石黝如墨，故名墨池。临池石刻上刻有"墨池"两字，尽管年代久远，仍依稀可辨。池边一石，形如砚台，如天作之合。每遇天气变化，即有"墨水"浸出，池水久旱不涸。

楚国人大概因为受原始的楚文化和道家思想的影响与熏陶，崇尚自然，追求不受礼法约束的自由自在的生活，所以隐士特别多。

他们隐居山野、河畔、湖滨，种田、打猎、捕鱼，自食其力，自得其乐，与孔子积极奋发的入世精神格格不入。孔子与他们相遇，必然发生一些观念上的冲突。有一位姓陆名通字接舆的隐者，为了避世，假装疯狂。

一次，他远远看见孔子乘车走来，就故意唱着歌迎上去。走到孔子的车旁，他放慢脚步，款款地唱道："凤鸟呀，凤鸟呀！为什么德行这样衰微了呢？过去的已经不能挽回，未来的还来得及追寻。算了吧，算了吧！现在的从政者太危险了。"

他所表述的观点，孔子当然不同意，就准备下车与他交谈。接舆却赶快走开，有意不与孔子交谈。他大概只想向孔子表明自己的观点，却无意与孔子进行辩论。

师徒在楚国北部地区依靠叶公的资助，过了3年平静的生活。这时，应鲁君之命出使吴国的子贡在完成使命后回到孔子身边，带来了故乡和亲人的许多消息。

孔子再也坐不住了，想马上赶回故国。可是，因为得不到鲁国执政季康子召他回去的命令，他还不便自行返国。孔子最后决定先回到卫国，等时机成熟后再就近返回鲁国。

公元前486年夏秋时节，孔子一行离开楚国，踏上返回卫国之路。他们先来到陈国的国都宛丘，看到的是经过楚国征伐后的一片衰败景象。孔子心情沉重，本打算稍事休息就北上，不料竟生了一场大病，数日昏迷不醒。

病情危急时，子路把弟子们当作家臣组织起来，准备筹办后事。幸好，孔子终于脱离了险境。

公元前485年春，孔子的身体逐渐康复，他在弟子们的簇拥下，离开陈国这多难的小邦，经过宋国西北部名叫仪的边邑，向卫国行进。几经辗转，终于到达卫国的都城帝丘。

此时，卫出公与他的父亲蒯聩争夺君位的矛盾仍未解决，孔子想到逝去的卫灵公，随卫灵公驰骋帝丘大街的尴尬情景，恍如昨日，心中充满感慨。他带着学生驾车走在帝丘街头，寻觅过去的足迹。

他们来到过去住过的馆舍，想看看昔日朝夕相处的馆舍主人。

可是，他们看到的却是馆舍主人的丧礼。孔子郑重其事地进去吊唁，当他看到那熟悉的主人如今静静地安卧在灵床上，不由得伤心地哭起来。

走出馆舍，孔子让子贡解下拉车的一匹马，作为丧仪送给馆舍。孔子受到了当政的卫出公和孔文子的礼遇，给予国家养贤之礼以示尊崇。不过，由于卫国君臣始终对孔子的理想持一种怀疑的态度，认为孔子无法迅速解决卫国面临的一系列急迫问题，因而对孔子采取一种尊而不用、礼而不重的态度。

第二年，从鲁国传来不少振奋人心的消息。

在鲁国，孔子弟子们个个表现不凡，这使季康子感到有必要迎回他们的老师。于是派出公华、公宾、公林等作为使臣，携带厚礼前来卫国，迎接孔子返回故国。

离开卫国重回故土

鲁国需要孔子回去，孔子更想回到鲁国。这两个条件一起具备的日子终于来到了。公元前484年，孔子终于踏上了回家的路途。

还是在陈国的时候，孔子就忍不住发表过回家的"自白"：

归与！归与！吾党之小子狂简，斐然成章，不知所以裁之。

党在古代是乡的意思，在这里就是指他的鲁国的弟子们。

回去吧！回去吧！这是孔子内心的真实道白。可见他是多么急切地盼望早日重归故里啊！孔子回家的愿望越来越迫切，他设想着回到老家以后，重新设坛授徒，教育自己的弟子。

他说他们是些有大志、有豪气，又有见识、有文采的青年，只是现在还不成熟，还没有做事的经验与阅历，需要锻冶与指导。就犹如一块斐然成章的锦缎，还需要技艺高超的裁缝进行精心的裁剪，方能成为合体的衣裳。

年届70的孔子，常常回想起自己人生的轨迹，那些往事一桩桩、一件件、一遍遍地在他眼前掠过。

他知道,逝去的岁月里,哪一件高兴的事、畅意的事,无不与自己的学生有关。如果说是苦乐参半的话,而这一半的乐或曰幸福,不就是来自于自己的教学事业中吗?

在这漫长的流亡之路上,虽然总有弟子相随身边,孔子也始终没有离开自己教育的弟子。可是,这毕竟是小规模的,也只有10多个弟子,而且大部分是已经学有所成早可以出师的学生。

在鲁国,孔子却是有着自己的3000弟子啊,而且是三千忠诚而又青春勃发的弟子啊!那种滔滔不绝,那种吟咏歌唱,那种知识与实际相结合的纵横驰骋、海阔天空以及教学相长的心灵的解放与开拓,都是那样越来越强烈地让他深深地思念着那片生他养他的土地。

那里,还有他唯一的儿子伯鱼。他让家乡的人捎过信来,说自己的身体也已经大大不如从前了。不过,伯鱼也让人带来了好的消息,说自己也可能要有自己的后代了。这些是多么地让他牵挂啊!只是跟了他一生却又没享几天福的妻子亓官氏,已经于上一年去世了。

也许,他们的夫妻生活过得并不和谐,甚至有着某种隔膜。亓官氏对于孔子,也许没有颜徵在对于叔梁纥的那种理解。

在鲁国最终不能见知见用的孔子,心中的孤独是难免的。而精神与思想上的不懈探寻,更让他的这种孤独在家庭之中难以得到理解与慰抚。这,也许是他流亡列国14年的原因之一吧!

即使如此,孔子的心里,还是有着无限的悲伤,甚至会有点点的歉疚泛起。毕竟,一个女人是将自己的丈夫当作天的。可是10多年以来,她的天却不能为她遮风避雨,更不要说人之常情的夫妻生活了。是的,赶紧回去吧,回去了也好在她的墓前站站、想想,再陈述一些哀思。

孔子也看到，跟随自己的弟子们，越来越频繁地来往于卫鲁之间。他们或者在鲁出仕，或者处理一些事务，还有没有说出口的、也许是最为重要的，那就是要与自己的家人相见、相亲、相融。作为老师，自己却忽略了弟子们的这一面，他们是正处在风华正茂的年龄啊！

还有，无法与弟子们述说明白的关于生命、关于人的生死的哲学与实际。身体与精神的问题，最近一两年来越来越多地萦绕在孔子的脑际。

头发白得越来越多，虽然思绪更加深长而高远了，但是精力的不济却让他时时感觉到，那个不出口的"死"字，其实是这样清楚地常来打扰了。而自己那个庞大的文献整理计划，甚至还没有正式开始。

陈、蔡绝粮之时师徒之间的那次对话与研讨，孔子还会一遍又一遍地回味与反思。颜回那既慷慨激昂又深思熟虑的论说，着实让老师高兴与欣慰。

"老师的学说博大到极点了，所以天下没有一个国家可以容纳得下。虽然是这样，老师还是一如既往地推销推行自己的学说，不被天下接受又有什么关系呢？不被接受，这样才更能显现出君子的本色！"

"一个人如果不研修、完善自己的学说，那才是自己的耻辱。至于已经下了大力气甚至是毕生精力研究的学说不能够被人所用，那只能是当权者的耻辱了。"

孔子是这样一次又一次地在心里默诵着颜回的论说。

可是这14年的碰壁，比什么都有说服力，它的全部内容包括这14年之旅的大量细节，都在指向一个结论：自己的理想与主张，在这样的时代、这样的天下，是无法行得通了。

他又想到了那个叫桀溺的隐士的话:"礼崩乐坏,战乱不止,争权夺利,世风日下,这已经像滔滔的洪水,成了时代的潮流,谁也没有力量去变革它了。"

滔滔者,天下皆是也,而谁以易之?列国诸侯的权力包括他们不断变化的国土,哪一点不是从反叛周天子那里来的?而且,他们还在谋划着夺取更大的国土与更大的权力。可如今孔子却要让他们遵守周礼的秩序,施行仁政。天下归于天子,这无异于更大范围地与虎谋皮。再者,就是从孔子师徒的影响与力量来说,想让各诸侯国毫无顾忌地任用孔子,确实有着相当大的难度。

那时的诸侯国,多则数百万人口,少的不过几十万人口,而孔子的弟子就有卧虎藏龙达3000之众。如果放手重用孔子,以他们的能量与影响,恐怕担心政权被颠覆的国家不会只是一个两个。

碰壁是必然的,但是欣慰也是自然的。是这14年的流亡生涯,让孔子从知天命走上耳顺并逼近随心所欲的高远的人生境界。

对于"学不厌、诲不倦"的孔子来说,这14年的旅程,是他一生中最好的"学"与最有成效的"教"。14年的周游时间与空间,是他们师徒们最好的学习过程与实践基地。他们的思想、精神、品格与政治理想,也在这种频繁的遭遇与多思、多问、多见、多识之中,得到了陶冶、提升与成熟。

这流亡之旅,不正是一种宣传、播种之旅吗?更多的国家,更多国家的君王、大臣及百姓们因此而认识了儒家的学说与思想。

在艰难之中,不断壮大的学生的队伍,证明着孔子,也鼓舞着孔子。自己虽然最终没能得到重用,甚至这一生都再也没有通过出仕而实现自己理想的机会了,但是随行的弟子如子路、子贡、高柴、宓不齐、冉有等人,却能够在不同的国家得到重用。这不仅是后继有人的可喜之事,同时也在间接地实现着孔子的部分政治主张。

由此可见，孔子的这次流亡在列国的影响是意义深远的。

鲁国，也没有忘记孔子。早在孔子在陈国发出"归与！"的自白之时，鲁国就有一个人想到了孔子。这个人就是曾与孔子"三月不违"，而后来又因为"隳三都"失败而与孔子分道扬镳的季桓子。

公元前492年，病重的季桓子觉得自己即将不久于人世，在儿子季康子的陪同下在大街上乘车巡看。他要再看一遍鲁国的国都。

人之将死，其心也容，其言也善。病重的季桓子突然仰天长叹："从前这个国家几乎就要兴旺起来，因为我得罪了孔子，让他在外流落了多年，也使国家失去了一次兴旺的机会。"

说罢，又转过头来对他的嗣子季康子说："我或许就要死了。我死之后你一定会接掌鲁国辅佐国君的权力。在你辅佐国君之后，不要忘了把走了的孔子召回来啊！"

然而后来，由于公之鱼的阻碍，季康子只召回了冉有。但尽管如此，这也间接表达了鲁国对于孔子的和解与信任。

对于孔子终于返鲁，《史记·孔子世家》作了如下阐述：冉有为季氏统率军队，在郎地，即今山东省长清县，同齐军作战，并打败了齐国的军队。季康子对冉有说："您的军事才能，是学来的呢，还是天生的呢？"

冉有回答说："我是从老师那里学来的。"

季康子又问："孔子是怎样的一个人呢？"

冉有说："使用他要符合名分，他的学说不论是传布到百姓中，还是对质于鬼神前，都是没有遗憾的。我虽然因为有军功而累计受封两万五千户，而老师对这些却毫不动心。"

季康子接着说："我想召他回来，你觉得可以吗？"

冉有说:"您想请他回来,只要不让小人从中作梗就可以了。"

于是,季康子便派了公华、公宾、公林,带着贵重礼物到卫国去迎接孔子。从此后,孔子就回到了鲁国。

对于孔子离卫返鲁,司马迁虽似言之凿凿,但是总还有让人不尽信服的地方。

有两点足以让鲁国当政者季氏对孔子的态度发生变化。首先还是孔子在列国的影响。孔子此前的出走流亡已经让鲁国"落了个被诸侯耻笑的结局"。

这样一个得到列国认可并有着崇高声望的孔子,却要离鲁流亡,长期以来已经对鲁国掌权者季氏形成了不小的压力。请孔子回来,可谓是亡羊补牢,可以立刻将这一压力减轻。还有,季氏通过任用孔子的学生如子贡、冉有等,已经获得了成功。

收到了重大的效果,这也坚定了季氏请孔子回国的决心。他的回国,必然会在鲁国孔子的众多学生中产生良好的反应,也会相应地增强季氏在鲁国的实际势力,并在舆论上得到很大的益处。

于是,68岁的孔子,终于在公元前484年,结束流亡生涯,回到了久违的鲁国。孔子一行在回鲁国的路上,走走停停,这一天正休息在一个湖边。弟子们有的在准备做饭,有的在读些书,孔子则饶有兴致地弹起琴来。

自从有一年在齐国知道了音乐的快乐,孔子就用心于音乐,经常练习。这时,湖上有个渔夫见有人弹琴,便侧耳听了一会儿。随后,渔夫不自觉地摇了摇头,叫过孔子的弟子来,问:"那个人是谁啊?"

子路说:"是夫子。"

"是做什么的呢?是某个国家的国君吗?是某个国家的佐

臣吗?"

没等子路回答,子贡说:"老师不做官,他信奉忠信仁义,推行礼乐,讲究人伦,对上忠于国君,对下教化庶民,以利天下。这就是他所做的事情。"

渔夫就笑了,边走边说:"好是挺好的,但难免不受伤害;苦心劳力最终影响身体。"

子贡回来告诉了孔子,孔子就急忙去问,无非还是同样的问题:"我这么苦心的想做好事情,为什么反而这么多的挫折和不利?"

渔夫说:"我一听你的音乐,就知道你不是我的同道中人了,所以也没什么特别多要告诉你的,只有这么个小故事:有个人害怕自己的影子和脚印,于是拼命地想逃开,可是没想到越跑脚印越多,走得太快影子也还跟在自己脚后面。自己觉得还是太晚、太慢,于是更努力地去做,最后力绝而死。其实他不知道,到个阴凉地儿里待一下,影子就没有了;如果停下来,脚印也就没有了,这个人是不是很愚蠢呢?其实很多人都是这样的,做得越多,错得越多;他们不认清这个形势,加强自身的修养,还以为是别人的错,这不是离道太远了吗?"渔夫说完就走了。

孔子听了渔夫一席话,陷入深深的思索中。

孔子从54岁离开鲁国,到68岁返回,整整周游了14年,历经卫、宋、曹、郑、陈、楚等诸侯国。虽然做官从政、大展宏图的理想未能实现,但他却通过大量接触各国政要,广泛结交各类人士,深入了解了各诸侯国的政情民风,极大地丰富了自己的阅历,进一步增长了知识,完善和深化了自己的理论学说。

公元前484年,九月,当孔子同他的弟子们一起渡过洙水,进入鲁国的土地时,孔子不由得站起来四处张望,映入眼帘的,尽是自己熟悉的风光。车一过洙水,鲁国都城的城楼就展现在眼前,孔子命令驭手加快速度，很快就跑完了最后的行程。

马车到达城门时，孔子看到鲁国国君的代表以及季孙氏、孟孙氏、叔孙氏3家大夫，还有自己的儿子孔鲤以及学生端木赐、冉求等一大群人正迎候在城门口。

返国后，朝中官员以及众多的故旧亲朋、昔日弟子，络绎不绝地前来探望。因为孔子年事已高，不宜担任具体官职，鲁国就给予他很高的待遇，并尊之为国老。

雄心不改潜心治学

孔子回鲁国后,立即受到国君的亲切召见。孔子向哀公叩头道:"孔丘拜见主公!"

"夫子平身,这些年,你在外受苦了!"鲁哀公给孔子赐坐。

孔子说:"丘离开鲁国14年,思国念乡,现在回来,十分欣慰。"

鲁哀公说:"夫子博学多才,精通政事。请问,作为一国之君,为政之首要一条是什么?"

孔子说:"国君为政之要在于选臣。"

鲁哀公说:"为什么国君为政在于选臣呢?"

孔子说:"因为国君为政在于执掌国家全局、国家大事。国家全局的兴衰系于国家大事的办理成效。国家各方面的大事要靠各方面的大臣去办理,大臣选得好,国家就治理得好。尧、舜、禹、汤、周文王、周武王皆注重选用优秀的大臣,结果,都把国家治理得很好。所以,对于国君来说,选臣是至关重要的大事。"

鲁哀公说:"应选什么样的人做大臣呢?"

孔子说:"应选有仁德的贤才,即选那些诚心辅佐主公推行礼治、公正清廉而又能文能武的人。"

鲁哀公说："不能选什么样的人当大臣？"

孔子说："不能选庸者、贪者、伪善者、狂妄者做大臣，因为选用此类人无助于国家振兴，只能瓦解、败坏国家。"

鲁哀公说："怎样做人民才会臣服？"

孔子说："把正直的人提拔起来放在邪陋的人的上面，人民就臣服了；把邪陋的人提拔起来放在正直的人的上面，人民就不会服从了。"

鲁哀公说："国君为政应注意什么？"

孔子说："多储粮食，从严治军，加强军备。"

鲁哀公说："夫子一向主张以礼治国、以仁德治国，今天为何又提出多储粮和军事问题？"

孔子说："多储粮是为了备荒，也为了军需；从严治军是因为现在鲁国治军不严，疏于军训；加强军备，是因想称霸的列强时常有入侵鲁国、让鲁国称臣进贡的野心。这样做，对以礼治国、以仁德治国，能起到保证作用。"

鲁哀公说："国君治国，最重要的是什么？"

孔子说："对于国君来说，最重要的莫过于让百姓富裕了！因为民富则国强。"

鲁哀公说："怎样使黎民富裕呢？"

孔子说："轻徭薄赋，重农兴商。"

鲁哀公说："作为国君，最大的禁忌是什么？"

孔子说："国君最大的禁忌有4条：一忌背离周礼与仁政德治；二忌任用奸佞之臣；三忌重徭厚赋苛政；四忌骄奢淫逸之行为。若国君能做好这4个方面，才不愧为真正的明君圣主。"

鲁哀公不由得深吸一口冷气，心想：好厉害的夫子啊！纵然你有天大的本事，我也不敢用你呀！你太尖刻了，你把我为政、处世、生活看得太清楚了！我若封你为上卿，你仍像当年对先君和季孙相国那样直言不讳，寡人还能抬起头来吗？

想着想着，哀公迅速转移话题说："眼下，国家正需要'有仁德'、'能文能武'的年轻人，夫子门下精通'六艺'者济济，请夫子为寡人写一份优秀年轻人才的《题名录》，这也是夫子教书育人、对江山社稷的贡献嘛！"哀公故意使用了"年轻"一词，意在将孔子排斥于"选臣"之外。

"写《题名录》是件大事，容丘细思之。"孔子说完，起身告辞。孔子知道自己不会被鲁君重用了。在回去的路上，他自言自语道："仕途休矣！从此，我应把精力完全转移到教学和编书上来了。"

孔子返回曲阜的当天下午，由子路驾车，前往相府，拜访季孙肥相国。但是见面后的谈话让孔子大失所望，两人的政见根本不同。

于是，孔子对子路说："看来，我也不再求仕了。从此，我可以专心传道授业和整理文献了。"

多年来，夫子身在外国心怀鲁国，教导弟子先后挫败进攻鲁国的吴、齐两国军队，保卫了鲁国安全，可谓功德无量。

在同一时期，孔子根据自己的从政经验和对政治以及社会生活的深入观察，提出了"中庸"、"正名"等著名理论，完善了对"君子人格"的阐述，标志着孔子学说的成熟。

回国后，当他发现与当政者政见不一致时，便开始潜心治学，由此开启了影响历史达数千年之久的儒学先河。

开创儒家学派

早年的艰辛生活使孔子成熟起来,在他15岁时,就立志苦学,想用个人的奋斗来改变当时自己的"小人儒"的地位。在30岁之前他已经有了很丰富的古代典章、礼仪方面的知识,所以他说自己"三十而立"。但他的职业依然是很低贱的。

到了晚年,孔子最后回到了鲁国,他除了偶尔对现实发表一些议论外,基本是只发言,不行动,他将精力主要用在了培养弟子和整理古代文化典籍上。在这个过程中,包括此前周游列国时的收徒讲学,最终使孔子学派日益壮大。

孔子在当时适当地吸收了老子对礼制的一些见解,但又摒弃了老子思想中的消极成分。在老子思想的基础上,孔子加以吸收、改造和创新,早期的儒家学派终于诞生了。

《说文解字》对"儒"的解释是:"儒,柔也,术士之称。"中国人历来重视死的观念与丧葬礼仪,这种广泛的社会需求促成了一个特殊社会阶层——"儒"。

《汉书·艺文志》对于诸子的起源有过清楚的论述:儒家者流,盖出于司徒之官;道家者流,盖出于史官;阴阳家者流,盖出于羲和之官；法家者流，盖出于理官；名家者流，盖出于礼官；墨家者流，盖出于清庙之守；纵横家者流，盖出于行人之官；杂家者流，盖出于议官；农家者流，盖出于农稷之官；小说家者流，盖出于稗官。

不难看出，这些学派的起源都起源于官。这些官虽然各司其职，分工负责，但目的与功能都不外乎为统治阶级服务。

在当时的社会背景下，道德问题说到底就是个礼制问题。换句话说，孔子创立儒家学派的具体过程也并不简单，他的思想来源不只是老子一人。鲁国的思想文化传统对他的影响也不容忽视。

孔子的祖先是殷商的贵族，作为殷遗民在周初迁到了宋地。后来又经过了几百年的繁衍生息后，在孔子出生时，他的家族已经没落，但是因为有遗传的因素，孔子身上还存留着殷遗民中儒者的气息。

由于孔子少年丧父，家境凄凉，所以，早年不仅得到严格的生活锻炼，而且也有机会继承殷商遗民中儒者世代相传的职业，帮人主持丧葬礼仪。

儒家学派的创建是一个艰难而漫长的过程。孔子在垂暮之年总结自己的思想进程时说："吾十五而有志于学，三十而立，四十而不惑，五十而知天命，六十而耳顺，七十而从心所欲，不逾矩。"

可见，孔子在年轻时就有了远大的志向，但他一生中的挫折也是众所周知的。所以，儒家学派的出现应该是孔子晚年的事情了。

孔子的儒学在中国存在了几千年，对于中国的政治、经济等各个方面依然存在巨大的潜在影响。儒家思想一直是汉族及中国其他民族等民众最基本的主流价值观。

"礼、义、廉、耻、仁、爱、忠、孝"的儒家思想基本价值观，一直是指导绝大部分中国人日常行为的基本意识规则。中华民族礼貌友善、温良忠厚和认真刻苦的气质，也是在儒家的教化下逐渐形成的。

儒家思想规定了我国文化的特质，造就了我们民族的风骨，塑造了我们民族的基本精神面貌。儒家思想对我国社会的巩固、发展和延续都起过极其重要的作用。总的来说，儒家思想是一种人类社会道德伦理规范的学说。

把道德作为遵礼的标准

从公元前515年至公元前502年,这14年间,孔子一面教导弟子,一面上下求索。从"四十而不惑"到"五十而知天命",孔子走向成熟,创立了自己的理论体系。

在这一时期,孔子在理论上的最大成就,就是用"仁"对"礼"进行改造,提出并完善了他的"仁学"理论。

对于夏、商、周三代的礼制,孔子最赞赏的是周礼,认为它综合了夏、商之礼的优点。

在孔子看来,周礼不仅继承了夏、商之礼的许多形式和"亲亲"、"尊尊"的核心内容,而且大大增加了夏、商之礼所缺乏的道德理性精神,把"有德"、"无德"作为遵礼与否的主要标准。

孔子顺此前进,进一步阐发和弘扬礼的道德性,用"仁"对礼进行改造和充实,从而把礼提到一个新的高度。

"仁"字在孔子以前的文献中已经出现,是一个从"亲亲"、"尊尊"引申出来的爱有等差的道德观念。孔子的仁的理论丰富了仁的内涵和外延。仅在《论语》一书中,谈仁的条目就有100多处。

一天,子路、子贡、颜回一起向孔子请教什么是仁?什么是德?

如何做仁德之人？颜回开门见山地问："老师，什么是仁？如何做到仁？"

孔子严肃地回答："克制自己，恢复周礼，就是仁；以周礼为标准，时时处处严格要求自己，使自己的言行符合周礼，就可以做到仁了！"

子路问："老师，什么是德？怎样做才算是崇尚道德？"

孔子答："思想不走邪路，对国家尽忠、对父母和长辈尽孝、对他人讲仁和义，这便是德；自己在道德的范畴内做人、做事，用道德规范自己，并用道德教育百姓、处理政治和人际关系，这样做就可以说是崇尚道德了。"

子路又问："譬如，我若当将军带兵打仗，不妨让子贡、颜渊做我的校尉，鼓角齐鸣旌旗飘扬，攻城必克，夺地必取，百战百胜。老师，我如果能做到这样，能算个有德之人吗？"

孔子回答："武夫，勇敢的武夫而已！"

春秋时期是奴隶社会向封建社会过渡的时期，伴随着奴隶的解放和社会各种关系的调整，人的价值和尊严越来越受到一些先进思想家的重视。孔子首先赋予仁以普遍人类之爱的形式。这个人是泛指社会上不分等级贵贱贫富的所有人，包括处于社会最底层的奴隶。

当然，对所有的人都爱，实际上是做不到的，但这一提法本身所包含的人道主义精神却是不容忽视的。这样，孔子的"仁"又成为处理人际关系的准则，即所有人都从"爱人"的原则出发，从积极方面讲，要帮助别人立起来和发达起来；从消极方面讲，是不要把自己厌恶的东西推给别人。

表面上看，孔子的"仁学"超出了"亲亲"、"尊尊"的旧观念，但实际上，他的"爱人"仍然是从"亲亲"、"尊尊"当中引申出来的。

孔子认为，尽管孝悌反映的是父子兄弟之间的亲情，但却是培养仁的土壤。很难想象，一个连父母兄长都不爱的人还能去爱别人。所以，当他的学生宰予提出改革传统的三年守孝为一年守孝时，孔子十分反感。

孔子把孝悌看成"仁"的根本，反映了他对周礼所体现的传统道德观念的继承。把"仁"运用到政治领域，就是孔子的全部政治学说，就是德政或德治。这一学说，后来被孟子表述为"仁政"。

这是孔子对周公"敬天保民"政治思想的发扬光大，包含着比较丰富的内容。

孔子德治思想的核心是重视人民，关心百姓的疾苦。他认为，统治阶级对人民的剥削是合理的，但必须限制在人民能够承受的范围内，使百姓能过上温饱的生活。

他对郑国执政子产十分赞扬，说他有君子之风。其中重要的就是"他养育百姓施行恩惠，他役使百姓合乎义理"。他主张满足人民物质生活的基本要求，对百姓以道德教化为主、以镇压刑罚为辅。

先使百姓富起来，然后加以教化，从而使国家富足，兵力强盛。孔子的重民思想被后世学者概括为"民本主义"，是中国古代政治思想的精华，在历史上产生了很大影响。

"仁"就是爱人，正是孝悌亲情的延伸与逻辑推理，在他看来二者之间是不矛盾的。既把"孝悌"看成仁的根本，同时又赋予"仁"许多新的内容，几乎所有美好的德行都被"仁"涵盖无遗。

孔子的仁学对人的主观能动性、人的尊严、人格价值做了充分的肯定。

任何平凡的人通过自己不倦的追求和不懈的努力，都会成为道德高尚、通达事理的人。反之，如果人们放弃个人努力，违背理性，舍弃道德追求，就与禽兽相去不远了。

提倡施仁政以德治国

孔子还提出对统治者个人修养的要求，要求他们"率己正人"，做社会的表率、百姓的榜样。

一天，弟子们就仁德方面的学问又向老师请教。子贡首先提出问题："老师时常教导我们，要学好本领，为治理好国家出力。怎样才能治理好国家？"

孔子郑重地说："以仁德治国，便能取得黎民百姓的信任、治理好国家。"

公冶长问："为什么靠仁德能治理好国家？"

孔子说："一个国家若以仁德治国，执政者自身必须是德行高的仁义之人，能用仁德教化、安抚、动员、使用百姓。相应的，就会依据周礼为国家制定出好章程，选用贤明大夫，各级官吏精心为百姓办事。这样，就会政通人和、内部安定、国富民强。"

子路问："我所知道的是，许多国家的君侯和要员都是崇尚武力，废弃礼仪，排异害贤，三皇五帝到如今，何人以仁德治国？提出以仁德治国，在本源上有何依据？"

孔子说："仲由啊！你曾多次与同学讨论重要历史人物和重大历

史事件，但你没能从根本上思考我提出的以仁德治国的主张，这叫数典忘祖呀！"

孔子批评子路之后，严肃地向弟子们宣讲："要说依据，应追溯两个方面：其一，记载尧、舜禅让事迹的《尧典》《舜典》和周公制定的典章制度，是以仁德治国的文字依据。其二，从实例上讲，也不乏以仁德治国者。据传，尧曾任用四位贤人羲仲、羲叔、和仲、和叔掌管四季农事安排，制定历法，实施利于民生的政令。他还通过询问四岳的尊长，请他们举贤。四岳尊长一致推荐舜，尧认定舜有仁德之贤，对其考察4年之后，定为继任人，命他摄位行政，帮助办事，而不让自己不贤的儿子继位。

"舜61岁继位后，巡行四方，依掌握的真凭实据，接连消灭了鲧、共工、骥兜和三苗4个凶恶的坏人，为民除了'四害'。他还学习尧禅让的做法，精心治理民事，考察贤人，年老时选治水有功的禹为继承人，后禅位于禹。

"禹以勤政为民著称。在治水13年中，3次经过家门都没回家去看看。他用自己勤政的行为为黎民百姓改善了生活的环境。尧、舜、禹皆贵为天子，但他们都节衣缩食、深居简出、不图享乐、为民着想，他们不愧为以仁德治国的先贤榜样！"

闵子骞问："既然如此，我们怎样做才能真正学好、用好仁德？"

孔子恳切地回答："要学好、用好仁德，必须讲忠恕，以宽容、善良之心处事，做到己所不欲，勿施于人！"

孔子的德治，其实质是人治。大体上包含两个层次的意义：一是首先解决治人者自身的德行修养问题，二是解决治于人者的问题。

"德治"是治理者的内在德行、人格修养在国家治理中的体现，即所谓的儒家理想人格的最终目标："内圣外王"之学。

在孔子那里，"内圣"与"外王"是相对统一着的，其原因在于远古原始传统本以源于宗教巫师的氏族首领本人的典范风仪、道德规范来进行等级统治，一切成文或不成文的客观法规比较起来是次要的。因此，就有了孔子说："其身正，不令而行；其身不正，虽令不从。"

　　孔子所处的时代，诸侯割据，王室衰败，礼崩乐坏，中国面临四分五裂的局面，社会关系发生激烈的动荡，因而我们不难理解孔子的"郁郁乎文哉"和"吾从周"的向往。

做仁人君子的楷模

作为教育家的孔子，一个经常性的问题迫使他不断思索：培养自己的弟子成为什么样的人以适应社会的需要并进而从事对社会的改造？经过不断的探索，这时他终于有了自己的理想的人格楷模，那就是做一个仁人君子。

在孔子看来，仁人君子不仅要有宏远的理想和对于这种理想的执着追求，而且更要通过长期不倦的自身修养实现崇高的君子人格。这种仁人君子忠于自己的理想，相信自己的价值，在任何时候和任何地方都使自己的行动符合仁义的原则。

孔子认为，先义后利，利必须符合义是君子的价值取向。先利后义，攫取不义之财是小人的本性表现。孔子心目中的君子还必须言行一致，使自己的思想既能正确地指导道德实践和政治人生方面的活动，又能使这种活动带来预期的结果，达到动机和效果的统一。他认为君子的言论必然能够切实可行。

不过，孔子也看到，由于人的认识是有局限的，有时判断并不准确，看来是正确思想指导下的行动也不见得带来预期效果。所以君子必须谨言慎行，多做少说或光做不说。

因此，孔子既反对夸夸其谈，自吹自擂，言而无行，言过其行，要求脚踏实地，身体力行，切切实实干出成绩；又反对顽固不化，盲目蛮干，不撞南墙不回头，明知不对也硬干的作风。要求君子谨慎求实，随时准备修正自己的言行，老老实实地改正错误。

那种说了就信守不移，干起来死不回头的做法，表面上看似乎维护了自己言行一致的形象，实际上是一种不计后果的蠢行，不值得提倡。

总之，君子一定要敢于坚持真理，也必须随时修正错误。要求君子尽量与社会上的各类人建立良好的关系。他广泛论述了君子与国君、朋友、父母、兄弟以及其他人相处的关系，特别强调"礼"对这种关系的约束。

这就要求，对亲族包括父母兄弟妻子儿女要厚道，对国君和上级不僭越、不献媚，对下级不盛气凌人和威胁利诱。成全别人的好事，不去促成别人的坏事。

因此，他非常赞赏晏婴"和而不同"的见解。他说道：

> 君子追求和谐而不盲目附和，小人盲目附和而不追求和谐。

对自己的学生，孔子从不要求他们事事附和，亦步亦趋地跟在自己的后边做应声虫，而是希望他们对自己的学说、思想随时提出不同的看法。他对自己最钟爱的弟子颜回多次赞扬，对颜回唯一不满意的地方就是他从来未向自己提出任何不同的意见。

孔子并非要君子为了显示自己的独立性而事事与别人作对。

在不与恶势力、错误观念同流合污的前提下，在"和而不同"的原则基础上，他要求君子尽量与社会上的各类人建立良好的关系。

一次，子贡请教："君子也有所憎恶吗？"

孔子说："有憎恶：憎恶张扬别人坏处的人，憎恶居下位而诽谤居上位的人，憎恶勇敢而无理的人，憎恶果敢而顽固的人。总之，只要在礼所约束的范围内，就采取与人为善的态度，尽最大努力建立一个和谐、亲善的人际关系。"

对于孔子的观点，卫国有个叫棘子成的大夫很不理解，他说："君子只要有好的本质就可以了，何必讲究文采呢？"

子贡根据孔子的理论反驳他说："你这样谈论君子，真是太遗憾了！一言既出，驷马难追，文如同质，质如同文，文和质一样重要。假如去掉了毛，虎豹的皮与犬羊的皮也就很难区别了。"

孔子以君子自居，他除了注重自己的品格修养外，也十分注意以礼来规范自己包括饮食起居在内的一切活动，使自己的一言一行、举手投足之间都符合礼的要求。

《论语·乡党》较集中地记载了孔子的举止风度：

国君召见时，孔子不等驾好马车就先步行走出去。他步入朝廷大门时，恭敬谨慎，像是没有容身之地似的。

他不在门中间站立，进门时不踏门槛，经过君主的座位时，面色矜持庄重，脚步也快。说起话来，好像气力不足似的。

他提起衣摆升堂，恭敬持重，紧屏呼吸，就像不喘息一般。由朝堂出来，走向一级台阶，脸色才舒展开来，表现出怡然自得的样子。下完台阶，快步向前走，就像鸟展翅一样。回到自己的位置上，又显得恭谨有礼了。

上朝，国君不在场，同上大夫谈话理直气壮；同下大夫谈话，和颜悦色；国君在场，他局促不安，小心谨慎。

鲁国国君召见孔子，让他接待宾客，孔子脸色变得矜持庄重，脚步也加快起来。他向站立两旁的人不停地拱手作揖，衣裳向前或向后摆动着。

宾客辞别后，他一定向君主回报说："宾客已走远了。"国君赐给孔子熟食，他一定摆正座席先尝一尝。国君赐给生肉，他一定煮熟供奉祖先。国君赐给活物，他一定要养起来。

侍奉国君吃饭，在举行饭前祭礼时，他要先尝一尝。出使邻国，举行典礼时手执玉圭，恭敬谨慎，好像举不起来似的。向上举，像是作揖，垂下来，像是在交给别人。

面色庄严，如同作战一般。步履密小，好像沿着一条线走过。在赠献礼物时，和颜悦色。私下会见时，轻松愉快。孔子也十分注意与乡人交往的礼节，和本乡人一道饮酒，出去时先让老人，然后自己才出去。

在乡人举行迎神驱鬼仪式时，他一定身穿朝服立于东阶之上。看见穿丧服的人，即使平时关系密切的，也一定变得严肃庄重。看见当官的和盲人，即使平常彼此熟悉，也一定有礼貌。乘车时遇见穿丧服的人便把身子微向前俯，遇见背负图籍的人也是如此。

孔子对个人的饮食起居也一丝不苟。座席放得不正，他不坐。吃饭时不说话，睡觉前不聊天。在吃饭时，即使是粗食菜羹，也一定拿它祭一祭，而且一定要像斋戒时那样虔诚。孔子上车时，一定先端端正正地站好，然后拉着车绥上去。在车内，不回头看，不很快地说话，不用手指指点点。

孔子的风度举止似乎有一些刻板、迂腐之嫌，但在孔子本人却是诚心诚意，出自本心，丝毫不存在虚伪做作之态。他是要在日常生活中给别人做榜样，树立一个儒者君子之风的典范。

孔子自己身体力行，以君子自律，以培养一批具有君子人格的学生为己任，希望在春秋时期的社会政治改革潮流中，实践自己的理想，成就一番震古烁今的事业。

以哲学思维倡导中庸

孔子在周游中大量接触各国政要,广泛结交各类人士,深入了解各诸侯国的政情民风,极大地丰富了自己的阅历,进一步增长了知识,完善和深化了自己的理论学说。"中庸"是孔子的重要理论之一。他说:"中庸作为一种道德,是至高无上的啊!老百姓缺乏这种道德已经很久了。"

中庸究竟是什么意思呢?

中庸的意思就是使事物矛盾对立的双方都在一定限度内发展,从而使事物保持自己质的稳定性,永远处于一种统一和谐的境界。

孔子意识到了保持事物质的稳定性的重要性。孔子看到,在社会生活中,君臣、臣民、官民、列国、父子、夫妻、兄弟等,都是对立的一对矛盾。为了保持彼此之间统一和谐的关系,彼此的行动都要有一个"度",超过或不足都会破坏这种统一和谐的关系。

从一定意义上讲,孔子的中庸就是保持事物质的稳定性的理论和方法。中庸理论的积极意义在于，任何事物在其内部矛盾发展到改变其性质之前，都必须保持其统一和稳定，正确地把握和运用保持事物统一的理论与方法就有积极意义。

在封建社会里，地主和农民作为两大对立阶级既互相对立又互相依存，在封建社会内部的资本主义因素尚未充分发展的时候，这两个阶级的斗争无论多么激烈和残酷，都不会同归于尽，迎来一个新的社会。因此，协调两者的关系，使地主阶级进行剥削但不过量，使农民接受可以忍受的剥削而不反抗，就是社会稳定的重要条件。

不过，孔子的中庸理论过分强调维持事物稳定性的重要意义，不承认事物发展过程中有质的飞跃、旧事物的消灭和新事物的诞生，显示了其狭隘和保守的一面。他希望以中庸的理论和方法解决当时一切政治与社会的矛盾。

在君臣关系上，他一方面强调"礼乐征伐自天子出"，要求维护和加强君权，另一方面反对君主专断，要求尊重臣权，使臣子有独立的人格匡正君主过失和革除积弊的权力。

在官民关系上，他要求统治者对百姓实行宽猛相济的统治术，既考虑百姓的要求，为他们创造必要的过得去的生产和生活条件，又要对百姓反抗剥削压迫的行动进行强力镇压，决不手软，决不姑息成患。

他赞扬子产的为政方针说：

> 多么完善妥善啊！政治太宽老百姓就怠慢非礼，怠慢非礼就应该以苛酷的刑罚加以纠正；刑罚苛酷必然使百姓受到残害，这时就应该实行宽厚的统治方法。以宽厚缓和苛酷，以苛酷纠正宽舒，就可以达到政通人和了。

在诸侯国之间的关系上,孔子针对当时王室衰弱、诸侯争霸、夷狄交侵的现实,要求大国在"尊王攘夷"的旗号下以盟会的方式维持列国之间的平衡。他之所以对齐桓公和管仲由衷地赞扬,就是因为他们在实现齐国霸业的同时维护了周王室的地位和列国的稳定。

在个人道德修养上,他要求人们,特别是君子应把两种看起来互相矛盾的品格恰到好处地结合在一起,使之处于一种完善的标准状态。

子路问:"贫穷而不去巴结人,富有而不骄傲自大,这种人怎么样呢?"

孔子说:"当然可以,但是还不如贫穷而仍然快乐,富有而尚好礼节。"又说:"君子矜持而不争执,就会疑惑不决。"

谈到奢侈和节俭,孔子说:"奢侈就会不恭顺,节俭就会寒碜。与其不恭顺,宁可寒碜。"

孔子的学生对他的评价是:"温和而严厉,威严而不凶狠,谦逊而安详。"总之,孔子在个人道德修养方面要求对每一种品格都能把握一个恰到好处的"度",这就是一个君子的形象。

在处理人伦关系上,孔子把中庸与礼联系起来,实际上既讲等级尊卑,要求每个人充分意识到自己在社会上的地位,不僭越、不凌下,同时又调和、节制对立双方的矛盾,使不同等级的人互敬互让,和睦相处,使整个社会和谐地运行。

孔子中庸学说和礼学的真谛在于,礼的应用,以和为贵。

孔子的中庸学说是一种治国的艺术、处世的艺术和自我修养的艺术。中庸学说推进了礼学的深化,并使孔子的正名说向前发展了一步。其中心目的不外乎要求人们正视自己的等级名分,一切都在礼的框架内活动,以求得上下关系的和谐与社会的安宁。

不迷信尚未认知的世界

天地鬼神的观念从原始社会时期产生以来一直伴随着人类社会发展的历史。当时的统治者认为国家最大的事情有两个，一是祭祀上帝鬼神，二是从事征战攻伐。所以，能沟通人神关系的官吏巫、祝、卜、史等就具有很高的地位。

统治者无论遇到什么事情，都要占卜一下，看看吉利不吉利。当周武王指挥的大军在牧野大败商朝军队，朝歌危在旦夕，商纣王死到临头时，他还大呼小叫地胡吹自己从天受命为王，天帝会保佑他的性命。

不过，从西周建国以后，周公从商纣王的灭亡中开始怀疑天命的可信程度，提出了"敬天保民"的主张。认为能否保住自己的政权，关键在于统治者有没有德，能不能得到老百姓的拥护。

春秋时期，随着周王室的衰败，天帝的权威也进一步没落。当时不少进步的思想家尽管还没有正面否认天命的存在，但却肯定人可以主宰自己的命运。同时，由于生产力的发展和自然科学的进步，人们对某些自然规律和人的主观能动性已有所认识。

正是在这样的时代里，孔子提出了自己进步的天道观。

一方面，孔子并不直接否认天命的存在，甚至赋予天某些人格的特征。他说："上天赋予我圣德，如果得罪了上天，便没有祈祷的地方了。"

另一方面，他又赋予天以自然的属性，使之具有某些自然法则或事物规律性的含义。

在回答子贡的问题时，他说："天说了什么呢？四季照样运行，万物照样生长。"意思是说天不干预自然界的发展变化。这显然是受了老子"天道无为"思想的影响与启发。孔子进而认为，每一种事物都有自己的规律，而这种规律是可以认识的。

对于鬼神的问题，孔子也表述了大体与天命问题相同的见解。由于时代的制约和孔子本人对孝悌观念的重视，孔子也不从正面否定鬼神的存在，而是采取了"敬鬼神但要远离它"的态度。

在《论语》里，孔子认为：鬼神道与人道，还是有差别、有距离的。最好是各安其道，不要搅和到一起。尤其对从政的人来讲，把政治与宗教搞到一起，非得失败不可。所以，敬而远之比较好。

至于一般人，如果你连人道的事情都还没搞清楚，却要去盲目探究深层次的鬼神道的问题，只会把自己弄得更加迷乱，自找麻烦。

同样道理，如果你对当下"生"的现象不清楚，那你也没办法了解将来"死"是怎么一回事。你不能清醒、坦然、喜悦地面对"生"，那你也就无法清醒、坦然、喜悦地面对"死"。而唯有对生与死，都能做到清醒、坦然和喜悦的人，才有可能超越生死。

另外，孔子对社会上的一些怪异、暴力、昏乱、神秘的现象也多不谈论。因为它们很容易迷惑一般人的心智。所以，在《论语》里，有"子不语怪、力、乱、神"的说法。

孔子教导人们修行注重从当下的事做起，从解决现实的人生问题做起。用佛家的话讲，他教的是心地法门，走的是智慧解脱之路。

你如果对人生的现象了解透彻了，其他的事，自然就会豁然贯通。

平淡是真，平常心是道，道在平常日常间。只要我们的心态，能变得日趋平常、平淡，那么，在哪里，都有令我们悟道、得真智慧的契机。

这是因为，当时的孔子还难以产生明确的无神论观念，另外，他又感到鬼神对人事的干预并不明显，事业的成功在很大程度上靠的是人的主观努力。因而，他对鬼神就采取一种似有若无的态度。

在孔子看来，那是一个未知领域，肯定其有或无都不是说得清楚的，所以倒不如采取回避态度，将人们的注意力引导到政事、教育和人自身的能力培养和道德修养上。

因此，只要别人不提出疑问，他自己从不主动谈论怪异和鬼神。即使弟子们提出鬼神问题，他也不作肯定的回答。

有一次，子路请教怎样侍奉鬼神，孔子回答说："人还未能侍奉好，怎能谈得上侍奉鬼神呢？"

子路又问："我还想冒昧地请教一下，死是怎么一回事？"

孔子说："生尚且不知，何以谈死呢？"

孔子的鬼神观是儒家思想的精华之一，它不仅影响了儒家学派的非宗教化倾向，而且使以儒家思想为核心的中国传统文化始终保持着清醒的理性主义和人文主义，从而使宗教势力在我国政治生活和社会生活中始终占据不了主导地位。

孔子的天命鬼神思想也深深地影响了中国人的人生观念，积极向上，奋发努力，勇于进取，最大限度地发挥自己的主观能动性，"知其不可为而为之"，"尽人力而听天命"，纵使达不到目的，也不给自己留下遗憾。

潜心编纂古代文献

孔子曾经召集10名弟子研究编纂文献计划。基于教学和为国家存史的需要，孔子认为，结合史实和旧有文献资料，编纂《易》《书》《礼》《乐》《诗》《春秋》，这既是对史料的综合删减、精练提高，又可作为培养治国、治世人才的教本。

孔子自卫国返回鲁国以后，自感年老体弱，在世时间不多。故结合教学，抓紧整理古籍，改诗书，定礼乐。其中，改定《诗经》是他晚年的重要工作目标之一。他对弟子初选的诗进行再重审、精选；对不选的诗，也细读一遍，从中择优，综合调整，并做必要的修改。然后，严格分类、编辑。

《易》当时重要的图书。孔子在对《易》的内容有所了解，认为有必要对《易》注释、加工，将其编著为《易传》。他认为，对《易》中的许多篇章重新编排整理，需要对《易》熟知精通，是艰苦细致的工作；对《易》中的重新编排的篇章加以评判解释，需要多方面的综合性知识，是创造性的工作。

孔子为了编著好《易传》，在晚年刻苦研读《易》。时而凝神端详，时而放声读之，时而持笔书写，不久，把《易》精读了一遍，了解了全书的内容；又细读了第二遍，基本掌握了书中的要点；接着，潜心精读了第三遍，更透彻地把握住了《易》的实质。此后，结合写作与教学，不知又将《易》书翻阅了多少遍。这样，读来翻去，把串联竹简书的熟牛皮带子磨断了3次，史称"韦编三绝"。

其实，"三"是个概数，表示多次。就是说，孔子读的那部《易》的熟牛皮带子被磨断了多次。每次磨断之后，商瞿帮助老师用新牛皮带子把竹简串好，继续研读。通过反复阅读琢磨，孔子对《易》达到了融会贯通，在以前边读边写的基础上，开始系统地编写《易传》。

孔子将《易传》分为10篇，即《彖传》上下、《象传》上下、《系辞传》上下、《文言》《说卦》《序卦》《杂卦》，合称《十翼》。他编著的《易传》，对《易》（《周易》）进行了正确、科学的诠释和解读，作出新的哲理思考，使其内容焕然一新。

孔子还决定编写一部书，根据鲁国历史，用事实把正义、非正义表达出来。取材范围上自鲁隐公写起，下至当时的鲁哀公，共12个国君，240余年，对这段历史上发生的重要事件进行整理编订，形成一部编年体政治性史书，拟取名《春秋》。

孔子对弟子说："我准备将自己的政治见解融汇于书中。后人能理解我孔丘的，还是骂我孔丘的，都会是因为我编著了这么一部《春秋》。对此，我想听听你们4个人的意见。"

颜回说："编写这部书太重要了，是老师一生理想的扩展和延伸，能起到惩恶劝善，使乱臣贼子害怕，给天下人树立规范的作用，有利于振兴鲁国、复兴周礼！"其他的弟子也都表示赞同。

编写《春秋》的目标确定之后，孔子便进入了全神贯注的工作状态，夜以继日，废寝忘食。

孔子对夏、商、周和鲁国历史有着浓厚的兴趣。他仔细审阅残缺不全的旧竹简,并指导子夏等查找、阅读散存的资料并进行分类。他让子夏随时阅读写出的书稿,帮助找毛病,看看是否有笔误。

子夏说:"老师,我读了您写出的这几卷书稿之后,总的感觉:《春秋》既是带政治性的史书,又是一部文学著作。书稿的记事文字短者一字,长者40字左右,寓褒贬于其中,较之以前史书的写法,可谓标新立异,这种独特笔法可谓'春秋写法'。估计,《春秋》的写法对后世的文学创作和史书编纂将产生较大的影响。"

子夏对《春秋》的写作特点作出评价之后,又问老师:"书稿是否写得过于言简意赅了?如果详写一些,岂不更好?"

孔子说:"《春秋》要记叙240余年的历史,计划全书不超过两万字。如果详写,内容太多了。你提出的问题很有道理,但就我目前的年龄、身体状况,加之还要整理其他文献、进行教学、考察入仕弟子的政绩,对《春秋》的写作,只能就简避繁。若详写细记,恐怕没有精力和时间了!"

公元前481年春天,鲁人在大野,即现在山东巨野境内狩猎,钽商射获一头怪兽,送至孔宅门前,请孔子辨认。

"此兽是麒麟啊!"看了怪兽,孔子神情沮丧地说,"麒麟是仁兽,它遇盛世才出现。而现在,它刚一出现,就被杀害,这不是好兆头呀!"

回到书房,孔子看到快要写完的书稿,无心再写下去了。

"鲁哀公十四年春,西狩获麟。"写完这句话,孔子停止了《春秋》的写作。

孔子病倒了,《春秋》绝笔了。

在《春秋》一书中,孔子独创的春秋笔法,是他留给中国文学的巨大贡献。

关注时局为国而忧

孔子返回鲁国以后，虽然主要从事教学和整理古代文献工作，但仍关注着列国发生的事件。

返国不久，季康子就策划攻伐颛臾。颛臾是一个附属鲁国的小国，在现在山东平邑东面。季康子攻伐的目的就是扩大地盘，进一步增强自己的实力。当时任季氏家臣的冉有和子路了解季氏的打算后，立即来见孔子，向他透露这一消息，并就此事征求老师的意见。

孔子严肃地说："冉求，这事恐怕要责备你吧？颛臾是个古老的小国，过去周天子让它主祭东蒙山神，今天它在鲁国的疆域之内，是国家的臣属，并且没有任何过错，为什么要攻伐它呢？"

冉有说："这是季孙大夫的想法，我们两个人都不同意。可是，我们仅仅是他的家臣，无力阻止这件事。"

孔子生气地说："冉求！从前的史官周任曾经说过：'要量力任职，如不胜任就辞职。'你们想，如果季孙大夫站不稳而你不去扶持他，他摔了跤又不去扶他起来，那么用你们这些臣子又有什么用呢？并且，你的话也是错的。试想，老虎、犀牛跑出笼子，龟板、玉器毁在匣中，这究竟是谁的过错呢？"

冉有辩解说:"现在颛臾城墙坚固,并且靠近费邑,如果现在不去把它攻下来,将来必定会给子孙留下祸患呀!"

孔子听了,明白冉有其实是同意攻伐颛臾的,更是气不过,大声说:"冉求!君子厌恶那种想干但却又千方百计寻找托辞的人。我听说像诸侯、大夫这样的统治者,不担心贫穷而担心分配不均,不担心人口少而担心社会不安定。财富分配合理就没有贫穷,上下和睦就不会人口稀少,国家安定,自然就没有倾覆的危险。这样做了,远方的还不归服,就修治礼教招徕他们。他们已经来了,就要让他们安心住下去。

"现在,你们两人辅佐季孙大夫,远方的不归服,而不能招徕他们;国家四分五裂,而不能保全,反而谋划在国内打仗。我担心季氏的忧患,不在颛臾,而在自己内部呀!"

公元前513年,晋国发生了一件大事,引起了中原各国的极大关注。这件事就是铸刑鼎。

原来这一年,晋国执政大夫赵鞅和荀寅督领一支军队和征发的百姓在今河南境内的汝水之滨建造城邑的时候,向当地百姓征用了一鼓铁,铸造了一尊鼎,把30年前范宣子制定的刑书铸在上面,故称刑鼎。当时的一鼓铁约合现在近250千克。

范宣子名匄,是晋平公在位时的执政。当时,随着奴隶制的瓦解和新的封建制度下生产关系的成长,阶级关系发生了很大变化,旧的奴隶主与奴隶、贵族与平民的矛盾依然存在并趋向尖锐,新出现的新兴地主阶级与奴隶主贵族以及新兴地主与奴隶、平民和农奴的矛盾也日益发展。

由于社会结构和阶级关系发生了较大的变化,原来维系和稳定社会秩序的礼制遇到巨大的挑战。新兴地主阶级需要新的维护自己利益的工具,在这种情况下,各种法典应运而生。为了巩固统治,镇压被剥削阶级和敌对势力的反抗,范宣子制定了一部法典。范宣子制定的法典内容比较广泛,涉及民法、刑法、行政法和礼制等。

事实上,这一法典并未得到认真执行,因而赵鞅才决定将它铸在鼎上重新公布。赵鞅铸造刑鼎的目的,一是再次强调实施这一法典的决心,二是通过刑鼎向民众宣传普及这部法典。

赵鞅铸刑鼎的事情传到鲁国以后,孔子十分震惊和不安。他认为晋国就要走向灭亡了,因为它丧失了原有的法度。

晋国是唐叔受封建立的国家,它遵循唐叔制定的法度管理它的百姓。卿大夫们能在等级秩序中行事,所以老百姓也能尊敬他们尊贵的地位,卿大夫世世代代可以守住他们的家业。贵贱界限分明,不相混淆和僭越,这就是法度。后来,晋文公根据唐叔法度,在被庐举行大蒐礼时颁布了新的法度,主要是有关官吏礼仪制度的规定。

现在,晋国抛弃了旧有的法度,而以铸在刑鼎上的法规代替它,原有的贵贱等级乱套,老百姓都按鼎上的条文行事,怎么能尊崇原来的那些贵人呢?这样一来,贵人们还有什么基业可守?贵贱失去了秩序,又怎能治理国家?并且,范宣子的刑法,是晋国在夷地举行大蒐时颁布的,它搞乱了晋国原有的法度,怎么能作为根本大法呢!

显然,孔子对晋国铸刑鼎一事所持的否定态度,反映了他对春秋变革潮流的保守立场。不错,范宣子的法典体现了当权者对被统治阶级赤裸裸镇压的一面。它明确告诉百官和百姓,哪些事能做,哪些事不能做,撕去了原来礼制下温情脉脉的面纱,与孔子以德治国的政治理论是相悖的。就这一点而言,孔子对铸刑鼎的批评有一定的合理性。

矢志不渝地保持晚节

孔子回到鲁国后，首先碰到的一个棘手问题是季康子要实行新的赋税制度，正做着季氏总管的冉有一再请孔子表态，于是引发了孔子、季康子与冉有之间的冲突。

孔子一贯坚持的政治原则是"强公室，抑私门"，所以他在当上大司寇并代理执政后，就毅然冒险平毁3家大夫也就是"三桓"的城堡，结果得罪了这些权势之家，落得丢官去职。

在得到季康子的允许后，他才结束了流浪生涯，返回故国。按理，孔子应该处理好与季氏的关系，尽量不要拂逆3家大夫的意志。

然而，孔子是个宁要原则不要官位的人，他虽然对季康子盛情邀他回国不无感激之情，但在原则问题上却不改初衷，这就使他与3家大夫特别是与季氏难以建立融洽的关系，因而冲突就不可避免了。

鲁国的税制改革开始于公元前594年的"初税亩"，废除以前"使民以藉"的助耕法，即劳役地租，改为一律按田亩征税，税率大约为收获物的十分之一。

公元前509年又实行"作丘甲"，征收军赋增加了4倍。

公元前484年，季康子在前两次改革的基础上，准备实行新的赋税制度，征收收获物的十分之二，比原来差不多增加一倍的剥削量。

因为孔子刚刚从国外返回鲁国，享受国老的待遇，具有很高的威信，季康子就让冉有征求他的意见，目的是利用孔子对他的感激之情求得孔子对这个税收方案的赞同。

只要孔子表示同意，季康子就可以上对哀公有个交代，下对其他臣民陈述充分理由。然而，季康子的算盘打错了。孔子还是孔子，他决不违心地同意自己反对的举措。所以，当冉有兴冲冲地就这项政策征求孔子的意见时，孔子以不了解情况为由拒绝表态。

冉有连问3遍，一再恳求说："先生身为国老，德高望重，大家都等着您老表态，您为什么不说话呢？"孔子仍然不表态。其实，孔子不表态已经是最好的表态了。

后来，孔子私下对冉有不客气地说："君子办事应该以礼作为标准，施舍要丰厚，办事要中正，赋敛要微薄，如果根据礼法办事，过去以丘为单位征收赋税也就可以了。如果不根据礼法办事，就是按田亩征税也难以满足贪得无厌的欲望。事情明摆着，季孙氏想按礼法办事的话，从前周公制定的典章制度俱在，何必问我？如果自己想怎么干就怎么干，就更没有必要来问我了！"

孔子讲这番话的目的，自然是让他传话给季康子，希望季康子考虑自己的意见，不要实行新的税制。然而，季康子根本不把孔子的意见放在心上。

第二年春天，他就宣布实行新的田税政策。这时，作为季氏家臣的冉有全力协助季康子推行这一政策，使他更快地聚敛了大量的财富，比鲁国国君更富有。

孔子看在眼里，十分气愤地对弟子们说："冉求不是我的门徒了，你们可以大张旗鼓地声讨他啊！"

在孔子的弟子中，冉有具有卓越的行政才干，他讲求实际，善于独立思考，有很强的随机应变能力，在感情上也比较接近季氏等新兴的势力，因而他能在季氏那里得到信任并作出显著成绩。

也正因为如此，他必然与孔子的理想主义发生矛盾，冲突也就难免了。孔子对冉有在季孙氏推行新田赋政策时的表现非常恼火，所以才号召弟子大张旗鼓地声讨他。

一向待弟子和蔼可亲的孔子对冉有发了如此大的火，这说明他们之间的分歧实在是不同寻常。孔子余怒未消地反驳冉有说："能力不足的人是走到中途才停止，而你现在却是自动停止前进。"

不久，季康子要去举行祭祀泰山的典礼，孔子知道后很不高兴。

季氏家族仗着自己财富超过鲁国国君，又长期把持国政，不时干出一些违礼之事。以前，季平子祭祀祖先时，居然使用天子的礼乐，让8个行列的舞蹈队翩翩起舞。今天，季康子居然又要去祭祀泰山，泰山可是只有周天子和诸侯们才有资格祭祀的啊！

不久前，孔子虽然对冉有的行为不以为然，愤激时甚至宣布他不是自己的弟子，但气消以后冷静下来，他还是同冉有来往，保持着师生之间的情谊。

他希望阻止季康子的非礼行为，于是找来冉有，问他："你不能劝阻此事吗？"

冉有回答得十分干脆："不能。"

孔子沉默了一会儿，失望地慨叹说："呜呼！难道泰山神还不如凡夫俗子林放（即孔子的一个弟子）知礼吗？"

孔子对季康子的违礼实在是无可奈何了，只能想象知礼的泰山神不会接受季康子非礼的祭祀而已。

孔子明白，他对政治的影响越来越弱了，只能眼睁睁地看着时代的航船向着他不愿看到的方向驶去。他愤怒、迷惘、忧愁、悲叹，却又无可奈何。于是只得埋头于学问，与大自然对话，希望在昏乱的政治之外找到心灵的寄托。

孔子跟鲁哀公谈过之后，感觉国君没有任用自己的意思，也就不再争取，只是在家休养生息，就这样又过了几年。

这几年里，颜回的死给了孔子最大的打击，天下最像他的人先他而去，只能感叹说："这是上天不让我活了啊！上天不让我活了。"

孔子本想依靠颜回来传学说的，现在只能靠自己，"活在这样的世界上，我的办法是行不通了。但是真的是行不通的吗？后来人能不能走我这条路呢？"于是，他便开始著书立说。

虽然孔子原来也写过一些书，但多是编辑整理，如《诗经》《易经》。孔子认为那些终究不是自己的东西。他要写一部属于自己的大作，这就是《春秋》。

孔子著作《春秋》时，坚持不与任何人讨论，里面每一个字都是他自己认为不能够修改的。孔子不觉感慨万千："后人知道我，是因为春秋这本书，后人怪罪我，也会因为春秋这本书。"

子路看过之后，觉得不错，就建议他将这本书也给周朝图书馆捐献一本。捐献的受理人还是图书馆馆长老子。

老子不太愿意接受这样的捐献，孔子于是就说服他接受一本。老子说："你这书太长了，能不能给个概要啊？"

"要在仁义。"

"仁义是什么呢？是人的本性吗？"

"仁义就是忠诚之心，愿物安乐，慈爱平等，兼济无私。这应该是君子的本性吧，不仁则不成，不义则不生。"老子想起自己在孔子年轻的时候，就曾用话语点拨过他，没想到他还是那样。

"唉，这话听起来怎么这么假呢！慈爱平等，不也太迂了吗？兼济无私，不也是个私吗？你希望天下不失去它的牧羊人吗？那么天地一直就有自己的道理，日月一直就有自己的光辉，星辰一直就有自己的行列，野兽一直就有自己的种群，树木一直就是这样直立的。你也应该依照自然而生活，循着物理而前进，就够了吧！又何必这么努力地提出仁义来呢？就像敲着大鼓去找逃跑的人一样。唉，你真的是把人的本性都搞乱了。"

虽然如此，《春秋》还是被老子收下。

"仁爱"贯串了孔子的一生。

带着崇高的信仰逝去

公元前487年秋的一天，孔子正在卫国蒲邑与弟子子路交谈，忽然侄儿孔忠来卫都禀报婶母病重的消息。

孔子拉起侄儿说："我时常思念你婶母，她待老人贤善，待我温柔，待孩子们周到，待邻里宽宏。我本想壮年为恢复周公礼制、实行仁政德治多做些事，年老时再与她团聚，共享国泰民安之福。然而，现在她病倒了，我何尝不想尽快回到她身边，为她治病，伺候她，安慰她。况且，我也很思念儿女、侄儿、侄女。"

弟子们同声恳劝："赶快回家看看师母吧！"

孔忠恳求说："您老人家如今到这步境地了，还不为家想想？叔父呀！回家吧！快回家吧！"

孔子泪如雨下说："家，对于一个人、对于一家人来说，太重要了；国，对于一家人、对于千家万户来说，更为重要。国与家比，当然是国比家大、国比家重。

"当初，我离开鲁国，是因为国君鲁定公、相国季孙斯接受齐馈女乐，荒政拒谏。虽然他们均已作古，但新国君鲁哀公、新相国季孙肥并没派人来接我，这说明他们仍不想以礼治国，不想推行仁政德治，不谋强国之道。我若不请自返，岂不遭世人耻笑和新君、新相鄙弃。

"对于一个仁人志士来说，没有比信仰更高贵的了！我信仰周礼，非礼不行，非仁不就，天塌地陷不动摇！所以，我暂时还不能回国，只好再等待一下时机！"

公元前482年腊月的一天，孔子巡游归来，刚回到距曲阜20里的地方，忽见公西华飞马而来。公西华下马急报："禀老师，我原是去武城给您送信，不料在此遇见，师兄孔鲤突发重病。"

"火速回家！"孔子一听二话没说，命驾车的颜回快马加鞭。

走进家门，孔子的独生子孔鲤已经咽气了，全家人痛哭失声。孔子望着儿子苍白的面色，放声痛哭道："儿啊！你走得这么急啊！爹竟没见你一面！儿啊！你母亲临死时，我也没能见上一面！我对不起你们母子啊！苍天啊！你如此不公啊！我孔丘幼年丧父、中年丧妻、老年丧子，人生中的最大苦难怎么全落在了我头上啊！"

孔鲤死后不久，他的妻子生下了遗腹子孔伋。孔子看着这个长得虎头虎脑、满身灵气的孙子，悲喜交集，热泪盈眶。喜的是第三代有两个男孩，他的香火可以传下去。悲的是儿子早逝，看不见他自己的孩子了。而孔子自己也已经70岁，感觉身体一天不如一天，也无力为亡儿抚养遗孤长大成人。

这个孔伋却没有辜负他的期望，他的资质比他的父亲聪明，祖父的遗传基因似乎更多地在他身上得到继承。

孔伋后来成为著名的儒学大师，他写的《中庸》一书，成为儒学发展史上从孔子到孟子的桥梁。在战国时期和以后的历史上，以他与孟子为代表形成的孔孟学派产生了极其深远的影响。

孔鲤死后不久，孔子还没有从失子的悲痛中恢复过来，又遭到一连串的打击：冉耕、颜回和仲由接连死去，他几乎要被这接踵而至的悲哀击倒了。

公元前479年的新春伊始，孔子脸上已无过年的喜悦，只好躺在病榻上过春节。

他时而昏迷，时而清醒。医生估计：圣人寿终为期不远。

四月的一天上午，孔子以手示意起身。弟子们连忙扶老师坐起来，让他后背靠在垫着棉被的墙上，为老师洗净脸，梳理好头发，还给老师喂下半碗稀饭。这时，孔子清醒了许多。

孔子对守候在他身边的弟子们说："我从30岁开始，设坛教徒，历时42年，有3000弟子从学于我。其中，有很多人德才兼备，也能为国家、为社会效力，我感到欣慰。人活70古来稀，我70岁了，病魔缠身，归天之日近在眼前。"

御医摸手切脉后，注意观察了一会儿，示意大家离开病榻。走到屋外，御医对哀公、孔忠、闵损、曾参说："你们看清楚了吧？刚才，夫子用手抓床呢！凭借我40多年的临床经验，这不是好兆头，因为病人用手抓床，预示着最多只能再撑七八天。"

一天早晨，孔子强撑病体，拄着手杖，挪步门前。他看着满院的弟子，用尽气力说："周经历600多年，日渐衰微，我终生主张复周兴鲁，历尽磨难，愿望难以实现。但我仍希望你们奋发进取，报效社稷，克己复礼，振兴鲁国！"

这时，急匆匆赶来的子贡一步扑到孔子面前，跪在地上，哭着说："弟子不知老师病重，刚进门，来迟了，请老师恕罪。"

孔子坐在堂屋正中，对子贡说："夏人死了在东阶上停棺，周人死了在西阶上停棺，殷人死了在两阶柱子中间放棺材。我是殷人的后代，昨夜做梦，我坐于两阶柱子中间了。我快死了，要回到我的殷人先祖那里去了。"

7天后的早晨,穿上寿衣的孔子回光返照,精神忽然兴奋起来,清晰地说:"尧、舜、禹、汤、文王、武王、周公……周公来接我了。"

这时的孔子似乎已没有一点痛苦了,他端端正正地躺在病榻上,低声说:"大道之行也,天下为公。"

圣人留下这最后一句话之后,慢慢地闭上了双眼,离开了人间,享年73岁。

附：年　谱

公元前551年9月28日，孔子生于鲁国陬邑昌平乡，即现在山东曲阜城东南。

公元前549年，其父叔梁纥卒，葬于防山，即现在曲阜东13公里处。孔母颜徵在携孔子移居曲阜阙里，生活艰难。

公元前547年至公元前536年，弟子曾点，点字晳，曾参之父；弟子颜繇，繇又名无繇，字路，颜回之父；弟子冉耕，字伯牛，鲁国人；弟子仲由，字子路，鲁国人；弟子漆雕开，字子开，鲁国人；弟子闵损，字子骞，鲁国人。

公元前535年，孔母颜徵在卒。

公元前533年，孔子娶宋人亓官氏为妻。

公元前532年，亓官氏生子。据传此时正好赶上鲁昭公赐鲤鱼于孔子，故给其子起名为鲤，字伯鱼。是年孔子开始为委吏，管理仓库。

公元前525年，孔子向朝鲁的郯子询问郯国古代官制。孔子开办私人学校当在此前后。

公元前522年至公元前521年，有弟子颜回、冉雍、冉求、商瞿、巫马施、高柴、宓不齐、端木赐。

公元前518年,与南宫敬叔问礼于老子,问乐于苌弘。

公元前517年,孔子到了齐国。

公元前516年,齐景公问政于孔子,孔子对曰:"君君、臣臣、父父、子子。"得到齐景公的赏识。孔子在齐闻《韶》乐,如醉如痴,3月不知肉味。

公元前515年,孔子由齐返鲁。

公元前514年,晋魏献子执政,举贤才不论亲疏。孔子认为这是义举,说:"近不失亲,远不失举,可谓义矣。"

公元前513年,晋冬天铸刑鼎,孔子说"晋其亡乎,失其度矣。"

公元前512年,经过几十年的磨炼,对人生各种问题有了比较清楚的认识,故自说"四十而不惑"。有弟子澹台灭明。

公元前511年至公元前505年,有弟子陈亢、公西赤、卜商、言偃、曾参、颜幸。

公元前504年,不仕,退而修《诗》《书》《礼》《乐》,弟子弥众,至自远方,莫不受业。

公元前501年,孔子为中都宰,卓有政绩。有弟子冉儒、曹恤、伯虔、颜高、叔仲会。

公元前499年至公元前498年,孔子为鲁司寇,鲁国大治。有弟子公孙龙。

公元前497年,孔子离开鲁国到了卫国。十月,孔子受谗言之害,离开卫国前往陈国。路经匡地,被围困。后经蒲地,遇公叔氏叛卫,孔子与弟子又被围困。后又返回卫都。

公元前496年,孔子在卫国被卫灵公夫人南子召见。

公元前493年至公元前484年,孔子在鲁、卫、郑、陈、蔡、楚。

公元前479年,四月,孔子患病,不愈而卒。